I0440542

APRENDIENDO

A

SER

FELICES

Juan Rollán

En Occidente hay numerosas academias, Universidades… para formarse en cualquier materia, pero ninguna para ejercitarse en ser feliz; menos aún para reconocer la Verdadera Felicidad.

Si deseamos ser felices necesitamos aprender cómo lograrlo y cómo evitar el sufrimiento.

Principalmente este libro ha surgido, gracias a los maestros de los que he recibido sus enseñanzas, tanto en persona como a través de sus libros.

Tengo que agradecer el que este libro se publique a Santiago, por su primera lectura y corrección. A Lupe que además de realizar una segunda revisión, me animó a escribirlo cuando me dijo que el libro lo quería regalar a su familia, como regalo de Navidades.

Por último a María Ángeles, la mujer que amo, que tanto me ha ayudado.

INDICE

INTRODUCCIÓN

Era un adolescente de 14 años y me encontraba en la orilla de la desembocadura del cauce del río Turia de la ciudad de Valencia, donde nací. Inclinado ante un charco me disponía a recoger un poco de agua poblada de diminutas larvas y animalitos, depositándola en un frasco de cristal. Más tarde los vería en el microscopio del laboratorio del Instituto.

Varias preguntas de adolescente curioso surgieron en mi mente: ¿Por qué esos animalitos vivían en un charco de agua sucia expuestos a todas las inclemencias del tiempo y tenían una vida tan corta? A continuación brotaron más: ¿Por qué ellos habían nacido ahí y yo había nacido como humano, en un hogar, con unas condiciones buenas de vida?. ¿Por qué en África o en Asia vivían niños que pasaban hambre, enfermedades, necesidades y morían? La respuesta que me habían trasmitido en mi cultura, era que todo se debía a Dios o al cielo que lo había creado todo.

También estaba la sentencia de mi madre (que a ella le habían también trasmitido), cuando te caías o te sucedía algo desagradable…¡Eso es castigo de Dios!. Entonces un sentimiento de culpa me embargaba cada vez que me caía y me hacía daño, me preguntaba qué había hecho mal para sentir tanto dolor.

8

Recuerdo una anécdota de esa época adolescente. Fuí victima de una broma pesada de unos chicos que habían puesto una portería improvisada en la calle; uno hacía de portero y otro simulaba ir a tirar un penalti, lo suficientemente alejado de la pelota. Como yo era un apasionado jugador de futbol, al ver el balón fui corriendo a darle una fuerte patada y la lancé bastante lejos, pero me sorprendió un dolor agudo en el primer dedo del pie derecho. Cuando miré hacia la pelota, vi que sobresalía una piedra bastante grande y entonces el dolor aún fue mayor al comprender que me había roto el dedo. Pero el sentimiento de culpa era tal que no dije nada en casa; llegué cojeando e intuitivamente me puse una sindáctila que no es otra cosa que unir el 1° y 2° dedos con dos cintas de esparadrapo. Seguí acudiendo al Instituto y en casa no se enteraron de nada. Y el dedo consolidó sin secuela alguna. Hoy día puedo golpear una pared con ese dedo y no siento nada.

En muchas ocasiones me ponía a pensar en estas cuestiones en la soledad de mi dormitorio y había cosas que me parecían contradictorias. Por ejemplo, Dios o el Cielo no podían ser una mera fábrica de generar criaturas. De ocurrir así, todos los seres humanos seríamos iguales al nacer, con una mente igual y poco a poco iríamos llenando nuestro cerebro o nuestra alma. Pero eso no es así; incluso niños gemelos que reciben los mismos genes de los padres, la misma educación, la misma alimentación, tienen diferentes caracteres y emociones desde el primer día de vida. Uno de ellos es tranquilo y el otro puede ser un ciclón que no para ni un segundo.

Un día, curioseando en una librería me llamó la atención un titulo "El tercer ojo". Fue para mí un despertar de la oscuridad de preguntas sin contestar que significaba mi vida. Sobre todo no entendía qué sentido tenía vivir en este mundo y con esta forma. Era como si me estuvieran contando cosas que ya conocía: la vida de los tibetanos, las enseñanzas esotéricas que recibía Lobsang Rampa, el protagonista.... Claro está que terminé leyendo toda la serie, algo raro en mi ya que en esa época no me gustaba leer y sí jugar. Más tarde supe que no eran ciertas muchas cosas del autor L. Rampa.

A pesar de que mi cultura es cristiana y he sido bautizado, confirmado e incluso he participado como monaguillo en la celebración de las misas, la familiaridad con la cultura tibetana y su sabiduría me hacían conmoverme y emocionarme. El entusiasmo me llevó a dedicarme desde ese momento a la investigación y conocimiento del pueblo tibetano y su filosofía budista. Años más tarde, estudiando primero de psicología en la Universidad de Valencia, realicé un trabajo de antropología sobre el Tíbet y sus costumbres; incluso confeccioné un reducido diccionario tibetano.

En 1988 y después de un letargo en mi vida, tuve la oportunidad que me permitió seguir aprendiendo. Me la proporcionó Ángel el padre de un niño que estaba en la sala del hospital "La Fe" de Valencia donde trabajaba como enfermero. Su hijo había tenido una meningitis que le había producido una hidrocefalia; llevaba por consiguiente una válvula para drenarle el líquido cefalorraquídeo que no podía absorber. Como pasaba grandes periodos en el hospital entablamos amistad. Un día me dijo que hacía años había pasado por el ayuntamiento de Alginet un lama tibetano (Kalu Rimpoche) y había dejado varios libros. Pero estaban en francés.

Le pedí que por favor los trajera, eligiendo *"La alquimia del sufrimiento"* de Djamgoeun Kongtrul, traducido por Ken Mac Leod e inicié la traducción del francés. Nunca había traducido un libro y mi conocimiento del francés se limitaba a los cuatro años que lo había estudiado en Bachillerato, y aunque me encomendé a la tarea sin prisas, lo hice con una determinación y dedicación totalmente desconocidas en mí. Tardé todo un año ya que traducía en los ratos libres que tenía y luego lo pasaba a limpio con una antigua máquina Olivetti de mi padre.

He de confesar que el impacto fue tal, que en algunos pasajes del libro las lágrimas resbalaron por mis mejillas al leer por primera vez la práctica del Tong Leng, tomar el sufrimiento de los demás y darles toda nuestra felicidad, o cuando explicaba el ofrecer la victoria a los demás tomando la pérdida y la derrota para uno. También hubo palabras que escuchaba por primera vez, como la Bodichita. Creía que era una palabra francesa, pero más tarde aprendí que se refiere al compromiso de lograr la iluminación para liberar a todos los seres del sufrimiento

Estas lágrimas no eran de sufrimiento sino de agradecimiento y liberación, como cuando alguien está padeciendo mucho y un calmante le alivia el sufrimiento cesando el dolor. Por fin había encontrado la medicina que me liberaba la mente del sufrimiento. Todas mis preguntas me eran contestadas con una lógica razonada y con inteligencia; y con la premisa de que no lo creyese con fe ciega sino que lo investigará y comprobara por mí mismo y, si resultaba beneficioso para mi vida, entonces debería seguir.

En 1989, después de traducir el libro, surgió en mí la

necesidad de que un maestro me explicara y aclarara mis dudas de lo que estaba leyendo.

"Casualmente" apareció en Valencia Lama Zopa Rimpoche, uno de los principales maestros de la filosofía budista, capaz de estar dando enseñanzas doce horas seguidas. Iba a impartir un retiro budista en un convento de monjas, en Serra un pueblo cerca de Valencia (yo lo realicé externo, yendo a dormir a casa). Me senté al final de la pequeña habitación apoyado en la pared, y con timidez y cierta desconfianza, me dispuse a escucharle. La forma de ver mi vida cambió, la inseguridad se convirtió en seguridad. Todas mis dudas fueron disipadas con una claridad y una satisfacción en continua progresión.

Le siguieron muchos otros maestros como el Dalai Lama, Sakya Trinzing, Kirti Shemsab Rimpoche, Gueshe Lhundub, Gueshe Sopa.

Cuando tenía 37 años, realicé mi primer viaje de los cinco que he hecho a la India y Nepal y durante tres meses recorrí los lugares más importantes del budismo. Estuve en el Sureste Hindú en el monasterio de Ganden a 235 Km. de Goa. También estuve en Dharamsala al norte de Delhi, y en la residencia del Dalai Lama en el exilio en McLeod Ganj, situada en las estribaciones de la cordillera del Himalaya, donde los bosques de rododendros con sus flores rojas se cubren de nieve en invierno, y los numerosos monos que los habitan intentan arrebatarte la comida al menor descuido. Había sido un lugar de veraneo de los ingleses cuando India era su colonia y el gobierno de la India se lo cedió al pueblo tibetano después de la invasión china.

Pero el motivo de este libro no es narrar mis viajes, sino explicar una filosofía de vida para ser felices; claro está que sólo funciona si se practica, porque leyéndolo y guardándose en la librería se olvidará sirviendo solo para ocupar un lugar en ella. Os puedo asegurar por propia experiencia que la felicidad no nos va a caer como un rocío de primavera, de la misma manera que un título universitario no lo van a otorgar sin estudiar en alguna Facultad o Universidad. Tampoco puede tocarnos la lotería si no jugamos; de igual forma si no ponemos en práctica lo aprendido se nos olvidará y sufriremos sin saber por qué.

Desde que aprendí a tomar las decisiones correctas en mi vida, todo ha ido mejorando cada año. Este libro es un ejemplo: no tengo ninguna expectativa de éxito, ni espero ganar nada; y de existir algún ingreso por él lo donaré a Centros de Retiros o donde sea necesario. Con lo que gano en mi trabajo tengo suficiente, no necesito más.

Lograr la felicidad es alcanzable y se consigue cuando se ponen las causas y condiciones. Si no trabajas, si no tienes dinero, no puedes conseguir comida, no comes y pasas hambre. Es imposible obtener felicidad si uno es un ladrón, un asesino, un codicioso, un mentiroso o engañas a tu pareja, porque vamos a estar la mayor parte del tiempo con miedo a que nos descubran o a perder algo que nos pertenece, etc.

He observado que todos los seres buscamos la felicidad, pero siempre nos encontramos con el sufrimiento aún cuando cada uno tenga su idea de felicidad, siendo éstas tan variadas como seres existen. Incluso los insectos buscan la felicidad, procurando encontrar un lugar donde vivir y reproducirse.

Es curioso que siendo la felicidad lo que todos los seres desean, sea de lo más confusa y poco clara su definición; incluso el diccionario de la lengua castellana compara la felicidad con una quimera. Pero se puede lograr la felicidad verdadera, no solo la efímera.

Aún resulta más increíble que no exista una definición única de la felicidad, existiendo tantas como personas. Lo cierto es que resulta que no se puede obtener o experimentar si no se tiene una idea clara de qué es, dónde y cómo encontrarla. Es más, se llega a confundir las diferentes formas de experimentar felicidad con el placer o el sufrimiento: uno puede ser feliz cuando le azotan y otro cuando le acarician ¿cuál de las dos es Felicidad? o ¿cuál de las dos es una verdadera felicidad?. Espero que lo vayáis descubriendo en estas paginas.

En este libro veremos qué es la mente y la relación tan estrecha que tiene con la respiración y la meditación, afectándola e influyéndola de tal forma, que nos sentiremos más satisfechos y alegres que antes de no hacer nada .

Decía Buda: *"Quienes conquistan su propia mente son más valiosos que quienes han vencido a mil hombres en mil batallas"*.

Como también dice el Dalai Lama: *"Se necesita un método para transformar sistemáticamente nuestro mundo interno, liberarnos de la opresión de las emociones aflictivas y crear un ser humano mejor, más amable, más compasivo, sereno y ecuánime"*.

O sea aumentar nuestro equilibrio emocional.

La forma de relacionarnos con los obstáculos o problemas que surgen a lo largo de nuestra vida es lo que determina que se conviertan en causa de sufrimiento o en la fuente para la liberación y la felicidad verdadera.

En este libro explicaré los diferentes antídotos para las diferentes emociones destructivas como el enfado, el apego y la ignorancia.

14

Me voy a basar como argumento evidente en las últimas investigaciones científicas y psicológicas del funcionamiento de la mente y del cerebro, en la filosofía budista tibetana, con ejemplos de la tradición cristiana, así como cuentos hindúes, tibetanos y algunos sufíes. Me he apoyado en libros de la medicina y filosofía tradicional china.

De igual modo utilizaré los últimos descubrimientos de la física cuántica, para mostrar que lo que recomiendo está basado en algo real y que somos ¡nosotros! quienes podemos modificar nuestra experiencia diaria o futura.

Lo que me ha llevado a tomar la decisión de escribir este libro, es compartir una experiencia de 25 años de aprendizajes, que sea útil y de máximo beneficio para todos los seres sintientes. Que llegue el día en que *deje de existir la palabra sufrimiento allí donde viva un ser sintiente.*

EL POR QUÉ DE ESTE LIBRO

En julio del 2001 fui a realizar dos cursos de 15 días cada uno, en las montañas de las Alpujarras de Granada, en el Centro de retiros *"O Se Ling"*. Finalizando el último curso surgió en mi mente la idea de diseñar un taller que les mostrara a otros lo que yo había experimentado: cómo ser feliz y dónde estaba la verdadera felicidad; por eso lo titulé *"Aprendiendo a ser felices"*. Lo llevé a cabo, y con gran sorpresa para mí, en ningún momento sentí miedo, vergüenza o falta de confianza. Algo extraño en mí, porque solía ponerme muy nervioso, me sudaban las manos, tenía olvidos e incluso me trabucaba al hablar.

Lo he analizado y creo que esa tranquilidad se debió a que no estaba pendiente de si lo hacía bien o no, o si me iba a poner nervioso. Solo pensaba en trasmitir lo que yo había comprendido, las experiencias que deseaba compartir. Solo había en mi mente paz y claridad; incluso el que me hicieran preguntas me gustó, y me sorprendí dando unas explicaciones que me aportaban satisfacción y confianza. Tenía el convencimiento de que estaban bien, porque entendía que eran acertadas y lógicas.

Posteriormente impartí un segundo taller, continuación del anterior, al que denominé *"La verdadera felicidad"*. Estos cursos también los he realizado en el Ilustre Colegio de Enfermería de Valencia, gracias a su Presidente y compañero D. Juan José Tirado Darder y de D. Jesús Ribes, vocal de Docencia. El último taller que he impartido ha sido *"Mindfulness en Salud"*.

Poesía homenaje a las todas las madres de los infinitos universos y a mi madre en particular. Si estoy en este mundo es gracias a ella y su bondad.

MUJER DEL UNIVERSO

Mujer del universo, señora de la tierra.
El universo vive por tu fertilidad
y sin ti este planeta no existiría.
Gracias por darnos la vida
por enseñarnos a amar:
orgullosa has de estar.
Tu quehacer se hace habitual
y cómo se nota tu ausencia.
Mujer que das sin esperar
de tí aprendí a amar.
No te preocupes en tu soledad
tan solo nos has de custodiar
para que algún día echemos a volar...
Qué bien nos sabe tu comida
cuando regresamos de viajar
Mujer de la casa, señora del hogar
Cuánto nos has dado y cuánto nos das
Nunca te he de olvidar.

J. Rollán 8-7-2004

17

CAPITULO 1

RECONOCIENDO EL SUFRIMIENTO

¡Nadie quiere sufrir, y los demás quieren y tienen el
mismo derecho que nosotros a ser felices!.
Esta afirmación resume la Declaración de Derechos Humanos.

Poco ha cambiado la mente del ser humano desde que Platón describió al hombre como el ser más triste de la tierra. Hemos inventado ordenadores, filosofías, la física cuántica y demás Ciencias. Viajamos por tierra, mar y espacio. Hemos vencido enfermedades, realizado trasplantes de órganos, implantando miembros cortados, creado bebés en tubos de ensayo. Hemos construido la sociedad del bienestar y del conocimiento. La sociedad de la información... pero hemos avanzado poco en lograr la felicidad, que es el objetivo de todo ser sintiente.

Llama la atención la tristeza del hombre moderno. Nunca se habían pronunciado tan frecuentemente expresiones como *"crisis personal"*, *"estrés"*, *"ansiedad"*, *"tristeza" "depresión" o "soledad"*. ¿Dónde está la sociedad del bienestar? parece haberse convertido en la sociedad de la infelicidad y los antidepresivos.

C. S. Lewis, escritor, describía así sus errores y vacilaciones en el camino de la búsqueda de la felicidad:

"La ruta del placer había resultado infructuosa. Llevaba años rastreando tras una pista equivocada: Al terminar de construir un templo para él, descubrí que el dios del placer se había ido.

La seducción del placer,
mientras dura,
tiende a ocupar toda la pantalla
en nuestra mente.
En esos momentos,
lo promete todo,
parece que fuera
lo único que importa.

Sin embargo, a los pocos segundos de ceder a esa seducción se comprueba el engaño. Sé que no saciaba como prometía, que nos ha vuelto a embaucar, que ofrecía mucho más de lo que luego nos ha dado. Seguíamos de cerca el rastro pero lo hemos vuelto a perder".

Ayya khema en su libro "Siendo nadie yendo a ninguna parte" expresa:

"Toda elección conlleva una exclusión. Por eso es importante acertar cuando se elige, sin demasiado miedo a la renuncia, pues detrás de lo atractivo no siempre está la felicidad. Tanto el placer como la felicidad llevan siempre consigo asociada la renuncia.

Si no hemos comprendido el sufrimiento y no conocemos la infelicidad no podemos sentir compasión por nadie. Si no sabemos cómo liberarnos del sufrimiento no podemos ayudar a nadie".

Todos los seres deseamos la felicidad y es muy necesario ser conscientes de nuestro sufrimiento, darnos cuenta que sufrimos.

Tan solo por el hecho de tener este cuerpo estamos expuestos a herirnos o a enfermar; no podemos estar mucho tiempo en la misma postura y tenemos que cambiarla continuamente. El cuerpo que tenemos es tan débil que un virus diminuto hace que nos postremos en la cama o que muramos.

Muchas personas desconocen o no se dan cuenta de que están sufriendo, sobre todo cuando las cosas están marchando bien; y los que tienen un bienestar económico no perciben que sufren porque están disfrutando lo que tienen. Pero siempre hay una insatisfacción en el fondo. Con estas experiencias de disfrute, es más difícil ver el sufrimiento. Es como tener una vida de dioses; incluso se dice "es que vivo como Dios".

Lo que digo es que tú, que lees ahora este libro, estás sufriendo, aunque no seas consciente de ello. Si no lo crees sigue en la misma postura durante doce horas; si fueras realmente feliz tu estado sería siempre el mismo, estarías siempre feliz. Pero eso no es así porque no tienes estabilidad ni paz mental.

Pero esto no es para deprimirse o rechazarlo, porque si alguien tiene una enfermedad y no lo sabe (por ejemplo un diabético), si lo desconoce no tomará las medidas adecuadas para sanar o para no sufrir sus consecuencias. En ese caso uno no se deprime o se suicida, sino que va a un médico, seguirá un tratamiento, hará un régimen especial, se inyectará insulina si es preciso, para que su organismo pueda asimilar el azúcar, porque de lo contrario le sobrevendrá una hiperglucemia o un *shock*. Lo que tenemos que hacer es buscar un remedio, un tratamiento para dejar de sufrir y permanecer en paz en cualquier circunstancia.

Debemos ser conscientes de que solo por el hecho de nacer con esta existencia estamos sufriendo constantemente debido al *continuo* cambio y al condicionamiento que experimentamos. Por eso siempre existe esa insatisfacción en todo lo que perciben nuestros sentidos, porque *todo termina* antes o después, porque una repetición de una sensación agradable se convierte en desagradable y molesta.

Si no despertamos de esa ignorancia de creernos felices o sentirnos satisfechos, nunca sabremos reaccionar cuando vengan las enfermedades, el dolor o la muerte que tanto sufrimiento nos ocasiona, hundiéndonos en la desesperación. Nos preguntaremos en esos momentos ¿por qué me pasa esto a mí? o ¿qué he hecho yo para merecer esto?, o, la que más me gusta: ¿por qué a mí?, pudiendo repreguntar: ¿y por qué no?.

No habrá jamás lugar para la felicidad si no liberamos a la mente de esa creencia, que tenemos como principio, de que la felicidad está fuera de nosotros, *cuando siempre ha estado en nuestro interior, en la sabiduría que comprende cómo surge la realidad que vivimos.*

Necesitamos reconocer ese sufrimiento, y lo vamos a realizar conociendo los tres niveles de sufrimiento que Buda explicó.

Al sufrir una enfermedad, solemos preguntarnos: ¿por qué?.

Como bien expresa Enric Corbera (Psicólogo especialista en bio-neuro-emoción en uno de sus videos: "el *por qué* te lleva a ti, mientras que el *para qué* te lleva al otro".

Creo que es muy razonable, porque cuando nos preguntamos por qué estamos enfermos, tenemos dolor, frío, calor, etc. pensamos sólo en nosotros, mientras que cuando nos preguntamos ¿para qué?, la *búsqueda de la respuesta te lleva a buscar la causa del sufrimiento*, y cuando se encuentra dicha causa, puedes liberarte del sufrimiento que uno mismo ha hecho realidad.

CLASES DE SUFRIMIENTO

Lo que hace que empeore un sufrimiento es la resistencia al mismo, es decir, no aceptarlo hace que cada minuto experimentemos más sufrimiento, por el contrario cuando lo aceptamos nos tranquilizamos y sufrimos menos. Es parecido a cunado nos hacemos una mancha de mora en nuestra camisa blanca, podemos lamentarnos mucho o aceptarlo y ponerle remedio. Si algo no tiene remedio vivir con la mejor calidad de vida.

Los sufrimientos se clasifican en tres niveles:

a) El Sufrimiento del Sufrimiento.

b) El Sufrimiento del Cambio.

c) El Sufrimiento Penetrante.

El Sufrimiento del Sufrimiento

Es el sufrimiento del dolor físico y mental. Incluso los animales son capaces de comprender este nivel de sufrimiento. Es desagradable, indeseable y ha de ser evitado. Este es el nivel de sufrimiento que no necesita mucha explicación pues todos lo podemos sentir, con una excepción: los masoquistas, que creen que el dolor y la humillación les produce satisfacción o placer. Por supuesto es una visión distorsionada de la realidad, cambiando el concepto dolor por el concepto placer.

23

El Sufrimiento del Cambio

El segundo nivel del sufrimiento es el sufrimiento que está en el cambio. Si estamos sentados mucho tiempo sentimos molestias y necesitamos cambiar de postura; o si estamos al sol puede resultar agradable pero, después de un tiempo, se hace insoportable. Lo mismo sucede con la forma de ver la realidad, y de cómo se viven las experiencias. Creemos que van a existir siempre igual, que las relaciones son para siempre o que no nos vamos a morir nunca.

Si nada más producirse una quemadura le ponemos agua fría notaremos alivio y el dolor puede llegar a desaparecer con un calmante. La quemazón persiste por un largo periodo, pero cuando disminuye el dolor es como si no existiera. Lo vivimos de esa manera, como si no hubiera transitoriedad, como si nada cesara o terminara. Esto ocurre porque estamos bajo el chorro de agua fría, de la placidez momentánea de cualquier experiencia de la vida, pero de pronto la placidez cesa y viene de nuevo la experiencia desagradable.

Tenemos que ser conscientes de que todo cambia, y de que toda elección puede producir algún tipo de sufrimiento o de infelicidad. Si no somos conscientes de la naturaleza de este proceso, cuando el cambio suceda (una enfermedad, un accidente, la muerte) nos resultará traumático, nos superará, y nos comportaremos desproporcionadamente. Es imprescindible la comprensión racional y lógica para aceptar los avatares que experimentemos en nuestra vida.

Hay muchas personas a las que inconscientemente les aterran los cambios, las decisiones, tener que elegir...Yo creo que es porque creen que pueden sufrir experiencias desagradables en ese cambio, elección o decisión, porque

24

el "yo" se siente muy cómodo. De ahí que las personas que mejor se adaptan a los cambios sean las que no temen las experiencias desagradables que puedan venir pues tienen una gran confianza en resolverlas o darles la importancia justa, sin sobredimensionarlas.

La causa menos conocida del por qué no nos gustan los cambios radica en un enemigo que tenemos: el Yo acomodado en lo conocido, que es reacio a vivir lo que desconoce. Y eso de viajar, salir de casa o tomar decisiones requiere un esfuerzo y nos dice "mejor me quedo como estoy… sufriendo". Por eso el apego y aferramiento al cuerpo es sufrimiento, porque éste está expuesto a continuos cambios, tanto internos como externos; como consecuencia del apego y el aferramiento al cuerpo… la enfermedad y el envejecimiento nos hacen sufrir.

Pero cuando uno es consciente de que todo tiene una razón, un por qué; que todo es debido a causas y condiciones, o mejor aún debido a la coemergencia de una serie de factores, que hace que uno enferme, envejezca o muera, esta comprensión razonada nos libera en lugar de embargarnos una tristeza o un miedo.

Por ejemplo, cuando alguien se enfada porque llueve, no es mejor coger un paraguas y disfrutar, o te quedas en casa tomando un te. Pero si te pones triste o te enfadas, tu reacción es un sinsentido.

El sufrimiento Penetrante o que lo abarca todo

Es el sufrimiento del *condicionamiento* que todo lo incluye, que está tan arraigado a sus causas y condiciones que no nos damos cuenta de que es parte de nuestro ser, de que nuestra propia existencia es coemergente.

Todo el sufrimiento que experimentamos es debido a la ignorancia que no nos deja ver que somos dependientes e impermanentes.

En estos momentos, al leer este libro, estás sufriendo debido a que no aceptas la transitoriedad y limitación en este mundo. Creemos que siempre vamos a vivir, que nunca vamos a dejar este cuerpo; sin embargo, los golpes y frustraciones en la vida son continuos y aumentancon la edad, si no somos capaces de aceptar la realidad.

A través de la Sabiduría Fundamental, si aceptamos que la liberación del sufrimiento es una meta alcanzable, debemos conocer la forma de lograrlo a través de la comprensión intuitiva o basada en la experiencia de la vacuidad o verdad última como también se llama. La mente última se refiere a un estado de consciencia que *explora el modo fundamental de existencia de los fenómenos.* Tenemos que realizarlo de forma científica, no solo analizándolo sino también integrarlo en nuestra mente.

Por eso uno debe de investigar profundamente cómo existen los objetos, los fenómenos o nosotros mismos. Si existen por sí mismos o están creados por causas y condiciones o por una ilusión. Cómo surgen y finalizan. Con esta comprensión uno se libera de sufrir y busca el paraguas que le evite mojarse o se refugia en su casa.

La forma como sufrimos es la forma como lo vemos

Para llegar a este punto de la Sabiduría Fundamental, es necesario el aprendizaje y entrenamiento de todo lo que pretendo explicar a continuación, por ello expongo un cuadro que puede ayudar a comprenderlo.

LA VERDAD DEL ORIGEN DEL SUFRIMIENTO			
LOS ENGAÑOS surgen por		NOS LLEVAN	
LA IGNORANCIA	EMOCIONES ➡ AFLICTIVAS ➡	A LAS ➡ ACCIONES ◄	NOS LLEVAN AL
Sobre la ley de causalidad y coemergencia	El apego El enfado La ignorancia	Realizadas con: El Cuerpo La Palabra La Mente	SUFRIMIENTO

CAUSAS DEL SUFRIMIENTO

La verdad del por qué sufrimos, son los *engaños* así como la *ignorancia* y las *emociones aflictivas*, que a su vez nos llevan a realizar acciones con el cuerpo, con la palabra y la mente. Todas las acciones realizadas con Apego, Enfado o Ignorancia, nos harán sufrir.

Para ver con claridad el sufrimiento y cómo liberarnos de él, es imprescindible entender la ley de Causa y efecto.

LA LEY DE CAUSA Y EFECTO

Debido a la *existencia de esto*.........*eso surge*
Debido a la *producción de esto*.......*eso es producido*
Debido a la *ignorancia*..............*hay deseo*

Cuando se comprende y se integra en nuestra mente, todo lo que nos sucede en esta vida tiene sentido y es lógico. Entiendes que cada uno de nosotros tiene el timón de sus acciones y experiencias; y esto nos llevará a tener unos resultados de felicidad o de sufrimiento. Es de una rotundidad aplastante: igual que si plantas semillas de naranjo saldrá un naranjo y no un olivo.

Algunas personas podrán decirme, si tengo roto un hueso ¿cómo voy a liberarme de ese dolor?. Tengo que decir que una vez se inicia la experiencia de una causa es imposible detenerla, pero sí se puede disminuir su efecto realizando acciones de generosidad, mucho antes de que vayamos a experimentarla. Por ejemplo, en un accidente de avión en Sudamérica, mueren todos sus pasajeros excepto el presidente de una nación, cuya cara quedó desfigurada. El efecto en los demás fue morir, pero el de él era sobrevivir. Existen miles de casos como éste en el mundo. Podéis creer o no, pero existen personas que se salvan y entonces decimos que fue un milagro, y otras que mueren por una mala caída o… como un compañero de trabajo que murió desangrado de un disparo de otro amigo cuando estaban de caza.

"Hemos disfrutado de la felicidad temporal infinitas veces, no hay casi ninguna que no hayamos experimentado antes. Lo que es nuevo, es lo que nunca hemos experimentado:

La paz inmensa que resulta de la cesación de todo el sufrimiento y la felicidad última que surge de la cesación completa de las causas del sufrimiento.

Nunca hemos experimentado esa paz antes".

Así se expresaba Lama Yeshe (Tu mente, un océano).

Para liberarnos del sufrimiento, la enfermedad y el miedo a la muerte, necesitamos sanar nuestras mentes…*las emociones y los pensamientos perturbadores, los engaños que producen todas las experiencias indeseables, y conseguir nuestra propia paz mental. ¡Hay tanta paz y es tan liberador conseguirla!.*

Es necesario tener claro nuestro objetivo en la vida, ¿cual es nuestra meta? Si todos los seres queremos ser felices debemos programarnos para serlo, recitar un mantra diariamente "voy a ser feliz, esa es mi meta", *"voy a llevar a cabo mi ideal de vida"* para beneficio de todos los seres.

Para llegar a permanecer felices tenemos que ir paso a paso. De la misma forma que si queremos plantar algo en la tierra, tenemos que *conocer* el tipo de tierra, *quitar* las piedras, *alisar* el terreno...primero tenemos que *conocer* nuestra mente, *quitar* los engaños, emociones aflictivas e ignorancia para poder tener una *paz mental.*

Como dice Bruce H. Lipton (Biólogo), lo que nosotros pensamos las células lo captan y dependiendo de si el mensaje es agradable o desagradable, triste o depresivo, alegre u optimista, nuestras células van a reaccionar a esos mensajes; sobre todo si son repetitivos y muy impactantes. Es más, él afirma que nuestros pensamientos y el medio ambiente (energía universal) pueden modificar el ADN. Es lo que se conoce como Epigenética.

Es la misma conclusión a la que llegamos con el Dr. Masaru Emoto, con sus mensajes del agua.

Tú decides lo que plantas en tu mente, ni Dios, ni Buda, ni Mahoma van a venir a plantarte las semillas, de lo contrario ya las hubieran plantado. Si plantas generosidad...satisfacción recibirás, si plantas odio... sufrimiento experimentarás, si plantas ignorancia de la realidad... oscuridad y velos cubrirán tu mente. Es igual si lo crees o no, esto funciona así, pruébalo. Un día plantas odio, observa y apunta lo que recoges; otro día plantas generosidad y ves la diferencia...¿cómo eres más feliz?.

LOS OCHO INTERESES UNIVERSALES

La ansiedad viene de la actitud egoísta.

Para ser felices es necesario conocer qué es lo que genera nuestra infelicidad, y os puedo asegurar que la negación a verlo, etiquetar una experiencia que nos hace sufrir como felicidad o placer, o ignorar que estamos sufriendo, solo nos lleva a sufrir una y otra vez.

En nuestra vida estamos siempre ocupados en alimentar el ego con alguno o varios de los *ocho Intereses Universales:*

FELICIDAD		INFELICIDAD
el placer	y	el dolor
la ganancia	y	la pérdida
la alabanza	y	la crítica
la fama	y	la burla

Perseguimos y buscamos los cuatro que nos proporciona satisfacción y huimos de los cuatro que nos causan sufrimiento, sin darnos cuenta que a lo largo de nuestra vida es inevitable experimentar, en mayor o menor medida, cada uno de ellos. No aceptamos las decepciones, pasamos el tiempo codiciando la comodidad, el placer, la riqueza y la fama. Pero esto no siempre lo podemos tener, y, aún teniéndolo, nunca estaremos satisfechos, y además experimentaremos la preocupación por conservarlo.

A.Khema "Siendo nadie yendo a ninguna parte.

30

Lo que nos hace sufrir es la intensidad de nuestras vivencias, porque cualquiera puede perder o ganar, pero a unos no les afectará lo más mínimo y otros lo vivirán como un drama. La libertad o la felicidad están precisamente en no ir a los extremos: ni sentir una euforia descontrolada porque nos ha tocado la lotería, ni deprimirnos porque no nos ha tocado. Igualmente con la fama y el fracaso, el placer y el dolor, la alabanza o la crítica. Depende de cómo lo experimentemos; por ejemplo para muchos, ser rechazado es un insulto y para otros un aliciente para ser mejores.

Por eso, la *frustración* es uno de los sentimientos más extendidos en nuestra sociedad, precisamente por seguir estos intereses mundanos como si fueran a proporcionarnos felicidad estable y duradera. Está claro que todas las acciones que realicemos en este mundo bajo el dominio de este tipo de intereses, nos van a proporcionar una felicidad efímera y fugaz. Siempre hay algo que no se logra, o se pierde, y entonces aparece la frustración, el dolor, la crítica, la ofensa, simplemente porque nuestro equipo perdió, porque nuestra pareja nos engañó o porque alguien nos rayó el coche; surge entonces el enfado, la depresión y la ansiedad.

Si sufrimos, nos queremos liberar del sufrimiento lo antes posible y cuando somos felices queremos que sea para siempre, aferrándonos a esa felicidad con todas nuestras fuerzas. Y ni nos liberamos del sufrimiento ni esta felicidad es permanente.

Así que, en vez de escapar, evadirnos, "liarnos la manta a la cabeza", debemos entender lo que está pasando, descubrir cuáles son las causas del dolor, para evitar crear las causas que generan el sufrimiento.

Correr detrás de la felicidad no nos traerá la felicidad, y debemos conocer las causas que crean el sufrimiento para saberlas evitar.

Recurro a un ejemplo ya mencionado: *imaginemos una persona que tiene diabetes e ingiere la comida equivocada. Mientras no conozca que el error que está cometiendo en su dieta es lo que le causa su malestar, continuará estando enferma no importando cuántas medicinas tome. De igual manera si no sabemos identificar las causas del sufrimiento, seguiremos sufriendo.*

"Todos los sufrimientos en este mundo vienen de preocuparse por uno mismo". Si pensamos *sólo* en nosotros mismos, tendremos celos, orgullo, egoísmo, deseo y odio, y por lo tanto *sufriremos...* porque desearemos hacer daño a los demás debido a estos engaños que nos dominan.

Si deseamos que los demás sean felices, entonces vienen todas las cosas buenas, todas las cualidades, *es como si una raíz que fuese medicinal, cualquier cosa que creciera de ella sería medicinal.* De forma similar sobre la base de la bondad amorosa, la compasión, el altruismo, el deseo de ayudar a otros seres sintientes, *cualquier acción que sea creada con esa motivación, será causa de felicidad.* Si no lo crees pruébalo, experiméntalo.

Está demostrado científicamente que es en el lóbulo frontal izquierdo donde se produce una mayor actividad de las neuronas cuando tenemos emociones positivas y se estimula cuando se piensa en cada una de las acciones mencionadas anteriormente, no importa que se esté plenamente convencido o que uno no lo crea en absoluto.

El hecho de sonreír realizando solo la mueca, sin sentirlo, hace que se activen las neuronas del cerebro del lóbulo frontal izquierdo. (Paul Ekman doctor en psicología U. California).

Actualmente, existe una tendencia investigadora donde los científicos buscan los mecanismo neurológicos que desencadenan la alegría de vivir. Yo entiendo que es al revés, son las emociones las que producen la actividad neuronal o los mecanismos neurológicos. Porque *no* son un grupo de neuronas las que manejan nuestras emociones y nuestros comportamientos y nos dicen: ahora vas a ser feliz, ahora te sentirás triste. Es nuestra mente la que da la orden sonríe, salta, corre, estudia y no las neuronas. Éstas pueden ser alteradas por sustancias externas tipo: alcohol, fármacos o incluso un tumor, pero estoy convencido que no nos dan las ordenes.

CAPITULO 2

LAS EMOCIONES AFLICTIVAS

¿Qué es como un pedo maloliente que, aunque invisible, es evidente?.
Las propias faltas de uno son precisamente tan obvias como el esfuerzo
por ocultarlas.

Guialwa Kelsang Guiatso VII Dalai Lama (1708-1757)

La claridad de la mente tiene cinco oscurecimientos o
velos:

El deseo
El enfado o la malevolencia
La pereza
La agitación
La duda

Las emociones no son ni buenas ni malas por sí mismas;
no existe el bien ni el mal absolutos, sino que el bien y el
mal existen en función de la felicidad o el sufrimiento que
nuestros pensamientos y acciones nos causan a todos.

Es como tener "topos" dentro de nuestra mente. Creemos
que todo lo tenemos controlado, pero el *ignorar* que nos están
saboteando, nos va a provocar dolor cuando los deseos no son
satisfechos; y luego viene el enfado que nos lleva a realizar
daño a otros porque la información era errónea.

Estos topos nos dirigen a buscar la felicidad por países
lejanos, en mares y desiertos, cuando la felicidad está en
nuestro corazón.

Si cuando nos sabotea cualquiera de esos topos, por ejemplo, el enfado, si nos pusiéramos a observar ese enfado, tan solo observarlo, sin realizar nada más, contemplaríamos la calma y la paz. Repito: observar, sin seguir el pensamiento que nos ha llevado a enfadarnos; sólo poner la atención en el centro del tórax, donde está el corazón y el timo. Si lográis permanecer ahí, encontraréis la calma, la paz y el vacío.

Ahí esta la felicidad; es nuestra si elegimos permanecer en ese lugar en vez de recorrer el mundo buscándola; salimos del corazón y nos dedicamos a guerrear por medio mundo.

Hay tres tipos de emociones o *engaños raíz* que nos hacen sufrir. *Son tres las formas de ver a los demás* de las que debemos de liberarnos.

Con APEGO,
Con ENFADO
Con IGNORANCIA

El APEGO

Es un estado alterado de la conciencia en el que se tiende a exagerar las cualidades del objeto o persona, deseándolos poseer y retener, aferrándonos al objeto.

Esta definición sirve también para el enamoramiento que es una forma más de apego.

Hay un cuento sufí sobre Mullah Nasrudin el cual, después de comprar una cesta de pimientos picantes a muy buen precio, no lo pudo resistir y empezó a comérselos. Aunque las lágrimas resbalaban a mares por sus mejillas y la lengua le abrasaba, Nasrudin continuó comiendo. Cuando le preguntaron por la razón de su comportamiento, Mullah respondió *"espero encontrar uno dulce"*.

Esto es algo que realizamos todos en muchas experiencias de nuestra vida: estamos en una situación de infelicidad pero continuamos esperando que nos toque la lotería, que la pareja cambie o que tengamos una buena racha; pero no cambiamos nuestra respuesta. Una y otra vez repetimos la misma respuesta y por lo tanto recibimos el mismo resultado frustrante. Es tan simple como dejar de comer las guindillas, dejar de beber alcohol o drogas, no elegir siempre al mismo tipo de parejas, o apartarse de esa persona que abusa de ti. Y, por qué no, dejar el trabajo que no te gusta nada realizar; no es necesario dejarlo enseguida pero sí lo antes posible.

Solo os pido una cosa *dejad de sufrir*, sed inteligentes y abandonad lo que os hace sufrir.

Hay dos tipos de apego:

A la persona y a los fenómenos

La naturaleza del deseo es buscar más y mejor: *uno se convierte en el lacayo del deseo y entrega su poder al deseo que le esclaviza.* Así es como nos involucramos en los problemas y los conflictos en la vida.

En el deseo, *los engaños son tus abusadores y te fuerzan* a utilizar tu cuerpo, la palabra y tu ego, para que realices lo que desean.

La mayor parte de los placeres que etiquetamos como felicidad, *son de la naturaleza del sufrimiento* porque aunque la experiencia sea agradable en realidad es de sufrimiento. Ésto es así porque es efímero; al ser pasajero, produce desgana nada más terminar, y al poco tiempo tenemos más deseo y el aferramiento que conlleva el deseo de volverlo a experimentar. Y si no se puede satisfacer ni obtener se produce la ansiedad, la frustración y el enfado. Ésto lo vemos en los fumadores, que son incapaces de estar un tiempo sin fumar, porque les produce una agitación y desasosiego insoportables. Son esclavos de un deseo a un diminuto cigarrillo. Igual ocurre con las drogas, la bebida y el sexo.

Así lo hemos estado realizando desde que el mundo existe, una y otra vez; siempre lo mismo: nunca hemos estado satisfechos ni hemos alcanzado la felicidad verdadera. Tan solo logramos una satisfacción y placer momentáneos que al ser fugaces nos hace buscarlos una y otra vez. Nunca nos termina por satisfacer plena y definitivamente.

Buda Shakiamuni dijo: *"Mientras sigas al deseo, nunca hallaras satisfacción"*. Es como estar sentado sobre fuego, mientras corras detrás del apego no hallarás paz mental, satisfacción verdadera: el verdadero descanso. No habrá vacaciones para nuestro corazón, siempre estaremos ocupados buscando la satisfacción que nunca nos colma. Mientras no soltemos el carbón encendido nos seguiremos quemando.

Existe un producto químico llamado *dopamina* que está presente en casi todas las formas investigadas de deseo, en los ludópatas, en los fumadores…desempeñando un papel fundamental en la recompensa y en los sentimientos positivos que le acompañan.

Cierto estudio descubrió que el deseo activa una región cerebral denominada *núcleo accumbens,* muy rica en dopamina, ligada al parecer a todas las formas de deseo y adicción.

La adicción parece fortalecer los circuitos asociados al deseo y debilitar al mismo tiempo los asociados al placer.

Esto indica que la sensación de placer o disfrute disminuye al tiempo que aumenta nuestro deseo, hace que cada vez disfrutemos menos y deseemos más. (Daniel Goleman "Emociones destructivas").

Es decir, *a más deseo menor placer*, cuantos más deseos más probabilidades de frustración y más riesgo de enfadarnos cuando no lo conseguimos; y que no se nos ponga nadie por delante, porque si es preciso lo quitaremos de en medio.

Por eso seguimos deseando y cada vez necesitamos más para obtener la misma sensación de disfrute. Este es uno de los principales problemas que entraña el deseo... la *adicción* a la acción placentera, perdiendo nuestra libertad de elección a decir ¡ahora no!, o ¡nunca más¡.

Cuando los Rolling Stones cantaban: *"Lo intenté y lo intenté, lo intenté y lo intenté; no pude obtener satisfacción alguna".* Esto es algo que todos los seres intentamos... ser felices. Ellos tenían todo lo que en este mundo desea la mayoría de las personas, salud, dinero y amor, pero no fue suficiente, siempre había una insatisfacción que no lograban satisfacer. Yo creo que fue porque sólo pensaban en ellos, en pasárselo bien. Pero de eso también te cansas, porque llega un momento que todo lo que te hace pasártelo bien, es repetitivo y dejas de disfrutar como al principio.

LIBERANDOSE DEL APEGO

A menos deseos menos sufrimiento

¿Qué hay de malo con el Apego?

Para liberarse del apego hay que conocer que es lo que hay de dañino en él:

1) *El apego perturba la mente* Hace que nuestra mente pierda su paz y su objetividad y la oscurece. Puede llevarnos a hacer cosas estúpidas o peligrosas.

2) *Conduce a la insatisfacción* "es como beber agua salada". No importa cuánto tomemos porque siempre queremos más y más.

3) *Puede dar origen a otras emociones*, tales como la ansiedad, la cólera, los celos, el miedo y la impaciencia.

4) *Trae problemas a nuestras relaciones.* Nos volvemos dependientes y/o posesivos, creándonos expectativas poco realistas de los demás.

5) *Nos lleva a realizar acciones negativas* como robar o mentir, las cuales son causa de sufrimiento en el futuro.

6) *Interfiere con nuestra práctica (del método) para lograr la felicidad verdadera. Distrae nuestra mente* - Gastamos mucho tiempo en actividades tales como ir de compras o en la charlatanería; incluso cuando practicamos el método de desarrollar nuestras virtudes, la motivación puede ser el interés en tener buena reputación, en obtener gozo o poderes.

7) *No se ajusta a la realidad.* Por ejemplo, cuando se está enamorad@ uno solo ve las cualidades del objeto; solo vemos lo agradable. Es más, si alguien nos indica algo negativo del objeto del apego, lo descalificamos y le decimos que nos deje en paz, que nosotros sabemos lo que hacemos. ¿Os suena?.

40

ANTÍDOTOS AL APEGO

En el mismo momento que abandonas el aferramiento al deseo encuentras la satisfacción.

1) El *mejor* antídoto al apego a largo plazo es *observar la impermanencia,* viendo que todo nos proporciona una felicidad momentánea: que no durará para siempre. Aceptar los cambios ya que nada es permanente. Tanto uno mismo como todos los demás moriremos. Tendremos que dejar nuestras posesiones. La felicidad o placer que nos da el apego *es de corta duración.*

Esta forma de pensar funciona porque previene de la frustración al deseo.

2) *Observa los aspectos negativos o desagradables del objeto.* Por ejemplo, "Si yo tuviera un descapotable sería ¡tan feliz!". Piensa en los gastos: en su mantenimiento, en la preocupación acerca de si te lo rayan o roban. Otro ejemplo: "Sería tan maravilloso tener una relación con esa persona ¡tan atractiva!", pero realmente ¿es solo atractiva?, ¿qué otros aspectos tiene? Ver las contrapartidas, aquello que nos va a hacer infelices. Pero no lo hacemos y luego nos lamentamos y lloramos porque se nos termina el polo y solo nos queda el palo.

3) *Comprueba,* ¿Es en realidad este objeto una fuente de felicidad? Si es así, ¿cuanto más realizo esa actividad más feliz me sentiré?, ¿Es cierto o no? Si es así, todos sentirían felicidad al relacionarse con el objeto, ¿Cierto o no?. Debemos preguntarnos: ¿Qué es lo que de verdad nos hace felices?. Será la experiencia o cómo lo vivimos.

El antídoto al apego a una persona

Cuando no podemos apartar el pensamiento de esa persona, pasando a ser una obsesión, ayuda mucho imaginar que le quitamos la piel empezando por la cabeza, dejando al aire sus músculos, huesos, tripas etc. Imaginarla realizando sus necesidades etc.. Incluso pensar que lleva una semana sin ducharse Esto nos da el espacio necesario para tener más calma y clara la mente, y liberarnos de la fascinación.

El antídoto por excelencia es verla tal y como es, es decir con todos sus defectos, que seguro que los tiene, porque nadie es perfecto.

El antídoto que más me ha ayudado ha sido: cuando buscas minuciosamente a quién estás apegado, y meditar en la pregunta ¿quién está apegado y sufre?. He buscado cientos de veces la respuesta, desde la punta del primer dedo del pie a la coronilla. La respuesta de quien sufre es el ¡Yo!. Entonces hay que buscar ese "yo" que nos domina hasta denigrarnos como personas. Es muy liberador el resultado que experimentas cuando meditas en su búsqueda, porque es una experiencia reveladora del juego del apego en tu mente".

A continuación hay que tener una visión más profunda, observando que el cuerpo no es el yo, que no pertenece al yo y que no coexiste con el yo. Con esta visión profunda ¡eliminamos las visiones erróneas! y podemos ser conscientes que la verdadera naturaleza de nuestra existencia es su interdependencia.

Diferenciando el apego y el amor

Dicen que el amor no se puede definir; se ha escrito mucho sobre él, pero nunca encontramos una definición perfecta. Esto es debido a que el amor es mucho más que una sentimiento, es una experiencia que va más allá de una comprensión lógica, porque hay que sentirlo. Se ha tratado de definirlo diciendo: "es darlo todo sin pedir nada a cambio". Pero es mucho más.

El amor no es lo mismo que el enamoramiento y mucho menos que el apego.

Pero sí puedo decir lo que no es amor: por ejemplo no es amor el apego, el aferramiento, la euforia, o la expresión mí@. En el amor no hay sufrimiento, solo hay paz. Por eso, si hay sufrimiento no puede haber amor, porque *el amor es un estado de bienestar inalterable y está siempre impregnado de esperanza.* Solo existe el sufrimiento cuando no comprendes. Cuando hay comprensión sin ego ni aferramiento, entonces no se sufre, se ama.

El escritor C.S. Lewis escribió:

"Lo sensato es
dejarse conducir por la razón
para no asustarse ante el dolor
ni dejarse atrapar por el placer".

Definiendo El Amor

Todos tenemos demasiado amor propio y se interpone en el amor a los demás. Permitidme que utilice la mitología griega: Narciso era un hombre que no sabía amar y rechazó el amor de la ninfa Eco y esta se marchito de pena. Entonces las hermanas de Eco le pidieron vengarse a la diosa de la venganza Némesis y esta le maldijo a enamorarse de si mismo. Después de la maldición llegó a un lago y al ver su reflejo en el agua, se enamoró tanto de él que no pudo apartar la vista, se sentó a mirar su reflejo y se murió de hambre, transformándose en una flor, el Narciso.

43

Todos somos un poco narcisistas, nos morimos de hambre de alimento emocional real y anhelamos el amor verdadero.

El amor se puede aprender y se puede desarrollar. Cualquiera puede adiestrarse en el amor como explicaré en el capitulo en el que hablo sobre el desarrollo del amor inconmensurable.

Una persona es generosa si puede amar, si aflora el amor que lleva dentro. Por eso...

El amor *es el deseo y la acción de hacer felices a los demás.*

Se puede decir que si tú sientes este sentimiento es porque inicias la vía del amor; sino, estás en el apego, el egoísmo, la caza de la presa, el interés o en la ceguera del amor.

En el *apego*, es más importarte tu felicidad que la de los demás, y uno no es feliz si no está con el objeto del apego. Ésta es la señal para saber si estás enamorado o amas: si amas eres feliz tanto si estás con el objeto como si no es así.

En el *enamoramiento* hay infelicidad porque no se ha aprendido a amar y se ve la realidad de forma distorsionada por el egoísmo. De pronto un día el objeto deja de interesarte o su presencia te resulta molesta; muchas veces justo después de tener relaciones sexuales se pierde el interés o se siente agobio. En el enamoramiento se siente el posible abandono, se tiene miedo a perder el objeto del apego.

En el amor no hay nada de esto: no hay enfado, ni abandono, ni miedo a perder nada, porque no posees nada; no tienes miedo a exponerte y decir que amas: sólo se ama. Uno está bien tanto si se está solo como si se permanece junto a la persona amada. Quien tiene miedo es el yo, el ego que no tiene seguridad y espera ser aceptado o que no lo rechacen.

44

En el amor no hay exclusión. Si amamos a un solo ser o a pocos, estamos limitando nuestro sentimiento y se podría tratar de apego o egoísmo, porque implicaría que los demás seres te son indiferentes o los rechazas.

En el amor no se puede discriminar y por eso es uno de los cuatro pensamientos inconmensurables, donde el amor es inconmensurable porque abarca a todos los seres sintientes de los infinitos universos, sin distinción de formas, colores o cercanía.

Por eso el egoísta enamorado y apegado pierde la oportunidad de extender su amor a todos los inconmensurables seres existentes, y de esta manera su felicidad se reduce a un solo ser, diciéndose todas esas banalidades como: "sin ti no viviría", "eres mi único amor", "me moriré sin ti", "cómo quieres que te quiera si tú ya no estás aquí". Son mensajes repetitivos de canciones que van calando en nuestra mente y nos van codificando.

¿Qué sucede cuando muere o desaparece el objeto de apego?...entramos en crisis, en una catarsis y tenemos que ir al psicólogo y tomar un antidepresivo. Nos quedamos adormilados un par de años y cuando se nos olvida, volvemos a repetir la misma respuesta. Decía una persona que conozco, ¡uy!, yo sin esa persona me moriría: es el amor de mi vida". Nada de eso es amor, es enamoramiento que se diluye en la primera contradicción, frustración o alejamiento que se presente. Como cuando se dice: "*si no haces lo que te pido te dejaré*", eso es chantaje: existe amenaza. También cuando se dice "*si no haces esto por mi, es que no me quieres*". Esto sería una manipulación. Eso tampoco es amor.

No podemos obligar a nadie a que nos ame, porque sólo estaría con nosotros por miedo. ¡Lo hermoso que es, que alguien te ame tal y como eres, por tus cualidades y tus defectos!, con libertad. Resulta muy gratificante.

Pero si te dicen que se ha terminado la relación, pues chao y encantad@ de haberte conocido.

Una vez le preguntó una adolescente al D. Lama: ¿qué tengo que tener en cuenta a la hora de elegir pareja?. Respuesta: *Sus defectos. Porque si eres capaz de vivir con ellos entonces habrá menos problemas.*

Es muy común decir que el amor es ciego, utilizando una metáfora se podría decir que necesita de otra pierna para tener estabilidad o claridad. ¿Cuál es esa pierna que le da equilibrio al amor?, ¿qué necesita el amor para iluminarse y ver las cosas claras?.

La pierna que da estabilidad y luz al amor no es otra que *"la sabiduría"*, el conocimiento, la inteligencia. Sin sabiduría no hay equilibrio, no hay claridad mental y sólo vemos las cualidades del objeto, una parte de la realidad.

Igualmente sucede con la sabiduría que necesita del amor, para no ser alienado por el orgullo y la prepotencia, haciéndonos creer que somos uno superdotados que lo sabemos todo, menospreciando a los demás y ni los vemos.

El amor te baja del pedestal y te acerca a los demás, mientras que la sabiduría te ayuda a decidir al ver la realidad tal y como es. Si vemos que alguien es una belleza, pero no vemos que es una persona falsa, manipuladora y con muchos problemas, la podemos elegir como pareja o fiarnos de ella para hacer un negocio juntos.

EL ENFADO

No se puede experimentar enfado y felicidad al mismo tiempo
VII D. Lama "Joyas de sabiduría del Tibet"

Culpabilizar nunca ayuda, porque al culpabilizar puedes estar equivocado y hacer daño a los demás.

El enfado es el segundo engaño raíz, y es imprescindible identificar la causa del enfado: quién o qué es el origen del mismo. Porque *¿a quién culpabilizas, al palo que te golpea o la persona que sostiene el palo?*. Evidentemente uno contesta *"a la persona"*.

Si una persona te humilla, te daña por *envidia*, ¿a quién culpabilizas, a la persona o a la *envidia* que le domina hasta conseguir dañarte?.

La respuesta tendría que ser que el que causa el daño es quien domina a la persona ¿no?. Entonces tendríamos que enfadarnos con el engaño que domina a quien nos daña. En este caso nos enfadaríamos con la envidia ¿no?.

Si fuéramos conscientes de que los engaños son los que realmente manipulan y controlan a las personas que nos hacen daño, no los culpabilizaríamos, sino que sentiríamos compasión por ellos, por ser unas marionetas en poder de las emociones aflictivas, que son la verdadera causa de sus actuaciones erróneas y dañinas, incluso para ellos mismos.

Es esto exactamente lo que nos sucede a nosotros cuando nos domina el enfado, y nos gustaría que los demás comprendieran y vieran que estamos bajo el engaño que sea, tuvieran paciencia y no nos lo tuvieran en cuenta. No hay nadie que no desee que le disculpen los errores a excepción de quienes les domina el orgullo.

47

ANTÍDOTOS AL ENFADO

1) Ver lo negativo o lo beneficioso que es, pensar si te da felicidad o sufrimiento. No justifiques nada…

2) No reaccionar ante un estímulo externo: permanecer como un palo, esperando a serenarte.

3) Mientras somos felices deberíamos entender que pueden venir situaciones de infelicidad; si no contemplamos esta posibilidad mientras somos felices, cuando llegue la infelicidad seremos incapaces de encontrar soluciones.

4) Cuando uno está enojado no puede pensar con claridad sobre lo que está pasando.

5) La práctica de la paciencia que tiene el beneficio de proporcionar *una muerte feliz,* apacible, libre de temor y preocupación.

¿Cómo practicar la paciencia diariamente?. Con todos los seres que se enfadan contigo. Pensando que, gracias a ellos, seremos capaces de practicar paciencia para no enfadarse con los "defectos" o actos de los demás. Aceptando los problemas y dificultades que depara la vida, sin resignarse.

En cualquier caso, para practicar la paciencia necesitas a una persona enfadada. La persona enfadada es la que nos proporciona esta paz y felicidad y por ello es la persona más valiosa de nuestra vida, porque nos proporciona la paz mental que obtenemos de la práctica de la paciencia.

Tenemos que sentir compasión por esa persona que nos hace daño, porque aunque su enfado sea tan valioso para

48

nosotros, para ella es muy destructivo, muy dañino, le hace sufrir, está seria, preocupada, muy enfadada y puede llegar a cometer actos demenciales.

No hay ninguna riqueza material, por grande que sea que pueda aportarte la paz interior que consigues practicando paciencia con la persona que se enfada. Tener a tu lado a alguien que se enfade es muy, muy importante. Por eso no puedes practicar paciencia con Buda o con Dios o con los buenos amigos, porque ellos no están enfadados contigo.

Debemos de adiestrar la mente meditando en la paciencia. Esto se consigue, por ejemplo, cada vez que nos ponemos a meditar; necesitas tener paciencia para mantenerte sentado una hora. Pero sobre todo, viendo los beneficios que te da la paciencia y el entusiasmo.

La Alerta en el apego

Es una de las mejores amigas, porque cuando no estamos alerta, los apegos penetran en nuestra mente, y cuando no se puede conseguir el objeto del deseo o cuando creemos que alguien nos lo quiere arrebatar, nos domina el miedo a no obtenerlo o a perderlo. Provocando una ira descontrolada por los celos y la envidia que tantas muertes ocasionan.

Por eso es necesario:

Practicar constantemente la alerta observando, vigilando el pensamiento que entra en la mente, para protegerla de los pensamientos perturbadores y erradicar de ella los engaños. Esto se consigue *subyugando la mente* con la atención en un punto o en una acción como la respiración. Esta es la llave, posteriormente necesitaremos la inteligencia y el razonamiento, logrando que los pensamientos perturbadores se disuelvan como la niebla otoñal al salir el sol.

Nos conviene discriminar los pensamientos perturbadores y fomentar los pensamientos que nos dan verdadera felicidad como la generosidad y el desinterés.

Tu mente es la puerta a la felicidad, o es la puerta al sufrimiento. Todo depende de la manera en que la utilicemos. Es como el mando del televisor, si tocas un botón sube el sonido o si tocas otro lo bajas. *Somos nosotros los que decidimos experimentar felicidad o sufrimiento.* Si presionamos el botón del egoísmo seremos infelices, si presionamos el botón del altruismo (sin interés) nos sentiremos felices.

Cada vez que tocamos el botón del enfado o del egoísmo estamos liberando sustancias tóxicas que se esparcen por todo el cuerpo; si éste es continuado cambia hasta el color de la cara a verde bilioso, enfermando el hígado o la vesícula biliar. Observad como las personas que más se enfadan tienen un color verdoso o cetrino. Esto lo aprendí de la medicina tradicional china, donde se enseña el estado emocional que predomina en la persona por el color de la tez.

Así también lo ha demostrado Paul Ekman en sus investigaciones sobre la expresión facial de las emociones, llegando a distinguir sin ninguna duda cuando una sonrisa es sincera o no, por la contractura de los músculos periorbitales de los ojos: sólo se contraen cuando la sonrisa es sincera.

Aplicando la Psicología positiva

Este es otro antídoto al enfado, con una visión muy profunda y otras perspectivas de ver las consecuencias del enfado.

En palabras del D. Lama:

"El hombre que busca la liberación interior reacciona de forma diferente ante el enfado y razona: "si él se enfada conmigo, si me insulta y me hiere me molestaría, entonces no puedo actuar así con él. Si me enfado con él y le insulto, se sentiría muy dolido e infeliz. Me siento triste cuando él es negativo conmigo, luego igualmente él se sentirá muy infeliz y su paz será alterada si le daño. No puedo actuar así con él".

Debemos por lo menos pensar de esta forma para conseguir algún día actuar de acuerdo a este pensamiento. Esto es lo que se realiza actualmente la psicología; es lo que los psicólogos denominan la psicología positiva, o sea el entrenamiento en desarrollar la cualidades y las virtudes de la humanidad, y que a mí me gusta llamar el *humanismo sanador*.

Cuando mi amig@ dice o hace cosas que me disgustan, la rabia y el desconsuelo empiezan a surgir de mi corazón, uno desea decirle muchas cosas que le dolerían, debemos ser conscientes de que nuestra reacción le va a doler. Debemos reflexionar que, de la misma forma que si él me dañase, me dolería y afectaría, yo no puedo dañar a este amigo porque le dolería y le haría sufrir. Además, su amistad me ha beneficiado muchas veces y ahora, por una sola cosa, ¿me voy a enfadar y le voy a hacer daño?.

Cuando se logra pensar de esta forma la rabia desaparece como estalla una pompa de jabón suspendida en el aire.

Al comienzo, la pompa parece inmutable, pero de un

momento a otro desaparece. Al principio nos parece que no vamos a poder cambiar nuestra forma de pensar; sin embargo, si utilizamos *el* método apropiado, cuando meditamos de esta forma... *el enfado se disipa como una pompa de jabón.* Debemos darnos cuenta de que el enfado nos produce sufrimiento, perturba nuestra mente y destruye nuestra felicidad; igualmente destruye la felicidad de los demás y no nos sirve de nada.

La ira nos afea y eso sucede cuando la rabia entra en la mente proyectándose en el rostro. Lo podemos ver en las caras de las personas: puedes reconocer y sentir esa rabia; es muy corrosiva y da miedo.

La primera y verdadera práctica, el infalible método, la verdadera meditación, consiste en no dañar a los demás. *Tomemos el compromiso de no dañar a los demás* y de esta forma protegeremos tanto nuestra paz mental como la de los demás.

"Quien tiene sabiduría tiene paciencia y quien tiene paciencia tendrá sabiduría."

Cuatro formas de actuar con el enfado

Parar la locomotora antes que tome mucha velocidad.

1. *Parar el enfado*

Para detener el enfado una vez ya iniciado, lo que me funcionó al principio fue visualizarme o imaginarme como un madero pesado e inmutable, sin reaccionar: ésto puede evitar que dañemos a los demás.

2. *Mantener la respiración abdominal*

Cuando estamos en una situación en la que sentimos que nos enfadamos, estamos ansiosos, tenemos miedo, tenemos dolor o estamos muy tensos, ¿cómo apagaremos ese fuego interno?, muy sencillo y económico: haremos la "respiración del bebé" o abdominal, manteniendo el aire hasta que nos sea incómodo, para después soltarlo lentamente. Lo realizaremos tantas veces como sea necesario, mientras nos sintamos en tensión o enfadados. Esto se puede hacer delante de otra persona que esté enfadada, porque la respiración forma parte de una acción común y la otra persona no va a percibirlo. En cualquier caso siempre se puede decir que respiras para mantener la calma.

Esto lo he realizado en muchas veces y os puedo asegurar que es muy efectivo, porque te ayuda a disminuir las pulsaciones y tensión del momento. Resulta muy beneficioso y se mejoran muchas enfermedades. Encontraréis un dossier de las investigaciones del Dr. y científico Konstantin Buteyko en el blog aprendiendoaserfelices.weebly.com, sobre la respiración. El decía simplemente "Respira Menos".

3. *Salir de la escena de enfado*

Esto era algo que solía hacer cuando me encontraba en una situación muy conflictiva, con alguna persona que estaba enfadada y discutiendo conmigo. Como yo lo vivía como una injusticia, para tener calma y no enfadarme, me imaginaba que salía de la escena y la veía alejado, como a dos metros. Al no estar tan involucrado y verlo como una película, podía ver la realidad bajo otra perspectiva; incluso resultaba algo cómica.

Esto me permitía poder dar una respuesta más calmada, comprensiva y sobre todo acertada, porque no entraba en el contagio del enfado, o simplemente no decía nada en ese momento y analizaba sus palabras más tarde.

4. *Hacer teatro*

Muchas veces los padres tienen que enseñar a los hijos que alguna acción o travesura que han realizado es negativa, y se enfadan mucho con ellos, sintiéndose luego muy mal. Hay un método que consiste en decirse uno mismo, voy a actuar, voy hacer teatro, uno pone cara de estar muy enfadado y le explica al niño con razonamientos lo que sea, pero por dentro uno está tranquilo, porque se ha programado. El beneficio inmediato es que los padres al no estar tan ofuscados, tienen una mayor claridad mental para poder emplear las palabras adecuadas a fin de que el niño o el joven comprendan que la acción que han realizado no estuvo bien. Las primeras veces que se haga esto no vamos a conseguir no enfadarnos, y se va teniendo mayor habilidad con las palabras. Lo importante es la *intención* con que se realice el teatro.

"Una madre corrige a sus hijos con una mala cara, pero con una buena intención".

54

Conozco un caso real de una madre que castigó a su hija por algo que había hecho mal y entonces la hija, para vengarse, llama a la policía y denuncia un maltrato. Obviamente, la policía se presentó en la casa, y, por su experiencia, se dieron cuenta enseguida de que no era real. La reacción posterior de la madre fue hacer la maleta a la hija y decirle que si quería quedarse con ellos era bien recibida pero tendría que aceptar una reglas de convivencia y respeto; y si quería irse ahí tenía la maleta. La madre contaba que le temblaban las piernas por si la hija cogía la maleta y se iba. Al final la hija se quedó, aceptó las normas básicas de convivencia, de respeto y fueron felices.

Charles Darwin, en su libro *"La expresión de las emociones en los animales y en el hombre"* dice: *"La expresión libre de los signos externos de una emoción la intensifica"*. Sigue diciendo: *"La represión de los signos externos -en la medida que tal cosa es posible- alivia nuestras emociones. "Quien expresa su ira mediante gestos violentos aumentará su furia, quien no controla los signos del miedo lo intensificará y quien permanece pasivo cuando se siente abrumado por la pena perderá la ocasión de recuperar la elasticidad de su mente"*.

(D. Goleman E. Destructivas)

Esto lo podemos comprobar fácilmente, cuando expresamos un enfado y le damos toda la fuerza, argumentando que tenemos razón. El único efecto que produce es preparar a nuestro Yo para reaccionar con la misma o mayor virulencia la próxima vez. Pero si queremos frenar, disminuir o liberarnos de cualquiera de las emociones que nos dañan, tenemos que pararlas o reprimirlas lo antes posible. Y hay que realizarlo argumentando lo perjudiciales que son el enfado o el orgullo.

No hay otra forma. Si seguimos entrenándonos en sentir, pensar y actuar dominados por las emociones, sólo vamos a obtener sufrimiento. Pero si las reprimimos con argumentos, por lo menos de entrada, ya no vamos a herir a nadie; sólo sale perjudicado nuestro ego, el Yo. Ese es el gran dañado. Después, cuando vayamos a buscarlo y no lo encontremos, desaparece, porque no está. Pero, ¡cuánto te fastidia y te hace sufrir!. Y eso sucede porque tú le das el poder. Quítale el poder y serás libre: es así de sencillo. Lo que sucede es que estamos tan habituados a reaccionar dominados por el "yo", que la respuesta violenta surge como un disparo, éste duele a quien le damos y a nosotros, que luego nos sentimos preocupados.

"El Dalai Lama dice que ningún problema, ninguna aflicción mental y ninguna emoción destructiva, pueden erradicarse de manera aislada. Hay que abordarlas desde una amplia diversidad de perspectivas, factores mentales y comprensiones. No es tan simple como decir: este es el problema y este el antídoto". D. Goleman E. Destructivas.

Para eso tenemos la inteligencia, vemos la emoción y lo primero que haremos es pararla y vernos como un tronco; después vamos aplicando cualquiera de los antídotos que explico en este libro para cada emoción destructiva.

Analizarla con objetividad buscando cómo liberarnos de ella y no culpabilizarnos nunca, sino siendo benévolos con nosotros. Por último perseverar en analizar la frustración de la emoción, no dejándose dominar por ella porque, lo que es seguro es que, aunque perdamos muchas batallas, al final desaparece y experimentamos la liberación.

"La renuncia o la desilusión completa sosiega la mente; etimológicamente es el "espíritu de emergencia".

Solo cuando nos damos cuenta de nuestra vulnerabilidad ante las emociones mentales, podemos advertir la posibilidad de que la mente acabe liberándose de ellas. La emergencia de un estado mental insano colorea automáticamente el pensamiento y, con él, el resto de los factores mentales, incluido el sentimiento". Daniel Goleman (E. Destructivas).

De los tres engaños raíz o las tres formas de ver a los demás (el enfado, el apego y la ignorancia) ahora voy a explicar la tercera la Ignorancia.

LA IGNORANCIA
Es la raíz de todo sufrimiento

El origen del sufrimiento es el ansia o deseo que surge en las emociones perturbadoras, que son un error en la percepción de la realidad y, en consecuencia, reaccionamos mental, física o verbalmente, produciendo el sufrimiento.

Pero también es la confusión de no ver los engaños, ni la *ley* de la *causalidad*, creyendo que es una *"casualidad"*.

Hay tres tipos de ansia: Ansia por los placeres de los sentidos, por el cuerpo y por la existencia… en definitiva es un afán por la autodestrucción, debido a la ignorancia, interpretando que estamos disfrutando cuando en realidad estamos sufriendo… pero menos.

Hay 2 tipos de Ignorancia:

1- A la ley de la causalidad, *Ignorancia adquirida.*

2- A la naturaleza última, *Ignorancia innata de la realidad.*

La ignorancia adquirida sería creer lo que dicen los demás, o lo que dice la TV o la radio sin razonar, sin investigar si es cierto. Decimos, es que lo han dicho en la tele.

La ignorancia innata. Sentimos que los fenómenos son tal y como se nos aparecen; por ejemplo, vemos el color verde y lo vemos sólo verde, pero no vemos el amarillo ni el azul que es de lo que está compuesto. Otro ejemplo de ignorancia innata, no ver que los objetos y los fenómenos existen por si mismos, sin depender de nada ni de nadie. Vamos que son independientes. Pero son como el hielo al sol.

El antídoto a la ignorancia: es aplicar la sabiduría de la comprensión acerca de cómo existen los fenómenos, es decir tener la cuádruple visión *simultánea* de que todos los fenómenos:

1. Dependen de causas y condiciones
2. Cambian momento a momento
3. Son impermanentes
4. No hay dualidad entre el objeto, el sujeto y la totalidad. Es decir la interconexión.

Incluso las galaxias cambian cada instante: se producen supernovas (explosiones) que expanden el universo.

En esta visión holográfica de la realidad no hay fin, porque tampoco hay fin de causas y condiciones: siempre hay una causa que precede a la siguiente. Es decir que la causa de la experiencia presente es el momento anterior y así infinitamente. Por ello se puede deducir que no puede existir un principio generador de todo lo demás, porque siempre existe la pregunta de ¿Dónde surgió o que generó ese principio, ese Big Bang?.

Esto se entiende mejor cuando se trata de ver el principio de una circunferencia, buscando dónde está su comienzo. Resulta imposible encontrar el principio de la circunferencia, siempre existe un momento anterior, una causa anterior cuando el fenomeno depende de causas y condiciones. Historia de dos monjes:

"Una vez dos monjes regresaron de un largo y penoso viaje a su monasterio. Para darles la bienvenida, su maestro les ofreció té frío. Uno de los discípulos pensó: ¡Grande es la bondad de nuestro maestro!, como sabía que teníamos sed y calor, intencionadamente nos ha ofrecido té frío. El otro monje pensó: "Qué tacaño y perezoso este maestro, ni siquiera ha sido capaz de ofrecernos té caliente", y al sentirse molesto y enfadado se destruyó a si mismo. El primer estudiante con su mente positiva, se sintió feliz e hizo feliz a su maestro, y apaciguó su mente".

La acción de ofrecer té frío era la misma, la diferencia estaba en el modo en que los dos estudiantes interpretaron esa acción. Uno de ellos la etiquetó como positiva y se sintió feliz. El otro la etiquetó como negativa y perturbó su mente.

El Buda dijo: *"Las obsesiones emocionales son la causa de sufrimiento más generalizada",* porque por ellas entramos en un estado mental en el que nuestra felicidad depende de los objetos, o las situaciones de su obsesión, experimentando estrés y ansiedad si no las conseguimos; igualmente cuando tenemos miedo a perder algo se entra en una paranoia.

"Las emociones destructivas son como una gota de aceite en el centro de una hoja de papel, donde tanto el aceite como las emociones irán extendiéndose por la hoja hasta mancharla toda. (Ayya khema)".

Así estaremos nosotros pringados en las emociones aflictivas, que van destruyéndonos poco a poco si no estamos alerta y las controlamos antes de que nos impregnen. Para ello hay que decir la palabra clave ¡No!.

El cuerpo y el yo están demandando satisfacciones incesantemente, y si no se obtienen se puede llegar a matar para satisfacerlas, como ocurrió a un padre y una madre que atravesaban el desierto con su hijo pequeño. Se quedaron sin provisiones pero continuaron su viaje hasta que estuvieron tan débiles y hambrientos que no pudieron seguir. Extenuados mataron al niño y se lo comieron.

Hay otra historia de los nazis en los campos de exterminio: en una habitación aislada ponían a las madres con sus bebés a los que les ponían un electrodo y cada vez que el bebé dejaba de llorar le mandaban una descarga y le hacían llorar. Llegaba un momento que la madre desesperada lo mataba.

Experiencias parecidas también las podemos tener nosotros, y seguro que si no hemos adiestrado nuestra mente en liberarse de la autosatisfacción y de las emociones perturbadoras, cuando el ego no obtiene lo que desea o algo le molesta, puede realizar la acción que considera necesaria para autosatisfacerse o liberarse de lo que le incomoda. No es que nosotros seamos malos, es que las emociones destructivas se apoderan de nosotros y nos dominan.

Por eso la pregunta a contestar es ¿con quién te enfadas, con la persona o con la emoción que te domina?. Porque la respuesta es que tendríamos que enfadarnos con la emoción que nos esclaviza, sin poder liberarnos de su habito. Lo que sucede por el contrario es que nos enfadamos con el ser humano que nos causa daño, en vez de ver que es la emoción aflictiva la que le domina.

La *emoción aflictiva o destructiva* es *toda aquella emoción transitoria que nos causa ansiedad, estrés, excitación o dolor;* en definitiva *la que nos produce infelicidad.*

Algunos pensamientos emocionales son la raíz de todos los problemas; son en sí mismos el problema principal. Por causa de ellos no tenemos paz interior, ni podemos disfrutar de la vida. Sí, puede parecer que disfrutamos de la vida, que experimentamos excitación y placer, pero cuando nos saciamos y miramos en nuestro corazón, sentimos que algunas emociones nos dominan.

DESCUBRIENDO LAS EMOCIONES AFLICTIVAS

"Cuando mentalmente se analiza y se corta la visión del yo,
la espada de la sabiduría libera la red de las aflicciones".
Sutra de la Luz Dorada

Primero aparece la idea del yo muy fuerte; frases como: "Yo debo conseguir esto" o "porque lo digo yo". Luego pensamos en todos los objetos que entran en el objetivo del yo, por ejemplo: los amigos, los familiares, las cosas, esto hace que surja la *discriminación* que piensa: Estos son mis amigos, mis familiares, mis cosas.

¿Cómo surge el apego? Primero aparece este *Ego* que es la actitud de quererlo todo, que desea satisfacer todas las necesidades y beneficiarse. Luego, en base a este *Ego*, tratamos de obtener todo aquello que queremos para *Mi*.

Es el *Ego* que hemos creado nosotros mismos, lo hemos alimentado con todo lo que deseaba, dándole todo el protagonismo, el poder, y nuestra libertad. Ello le ha permitido esclavizarnos para satisfacer todos sus caprichos.

Hay un ejemplo que está aconteciendo en las familias hoy en día. Muchos padres le dan una vida lo más fácil y sin sufrimientos a sus hijos, alimentan su *ego* dándoles todo lo que desean. Cada vez que lloran consiguen todo lo que quieren. En la adolescencia el *ego* es tan grande que a veces tienen que ingresarlos en correccionales, porque agreden a sus padres con gran violencia. Lo hemos visto muchas veces en el programa de TV "Hermano mayor".

Ese "yo" no es fácil de ver, sentir o reconocer, ¿sabéis como lo reconozco yo?. Me sitúo en un lugar de varios pisos de altura y miro hacia abajo, esa sensación de miedo en el estómago, ése es el yo; esta misma sensación se tiene cuando tienes miedo a que una pareja no te quiera y te rechace, es lo que muchas personas refieren como "tener mariposas o un nudo en el estómago". Lo podemos identificar cuando alguien nos ofende y falta el respeto: ese orgullo que surge, quejándonos "pero como me dices eso a Mi, ese es el *yo*.

Si dejamos de ser nuestro conocido Yo y renunciamos a los pensamientos emocionales discriminatorios del apego y del enfado, transformaremos la mente poco a poco.

Por eso permitid que afirme: *"Cuanto mayor sea el ego mayor será nuestro sufrimiento"*. Por otra parte *"Cuanto menor sea nuestro ego mayor será nuestra felicidad"*.

Owen Flanagan catedrático y profesor de psicología de la Universidad de Duke afirma que es un error pensar en la existencia de un ego o de un yo permanente.

LAS EMOCIONES AFECTAN A LA PERCEPCIÓN

Según la neurociencia, la ilusión consiste en la distorsión de nuestra percepción del mundo provocada por las emociones aflictivas. Afecta a la forma en como aprehendemos los objetos. Se considera la ilusión como una distorsión emocional de la percepción y de la cognición. La ilusión supone una interferencia de los circuitos emocionales, neuronales y de pensamiento responsables de la percepción o de la aprehensión del mundo, lo que provoca una inclinación o tendencia perceptual.

Las personas habitualmente ansiosas y desconfiadas, focalizan su atención en los datos relacionados con la amenaza. Los que padecen de fobia social temen las situaciones que implican una interacción social, como estar con los demás, sentirse juzgados por ellos, hablar en público. Cuando se les muestra un rostro neutro que no exhibe ninguna emoción concreta, su amígdala (zona del cerebro) evidencia una activación que, en las personas normales, solo se presenta en respuesta a la visión de un rostro amenazador.

"Emociones Destructivas" Daniel Goleman.

Como podéis ver, siempre está el ego cuando uno se siente juzgado. Debemos hacernos las siguientes preguntas: ¿quién se siente juzgado o amenazado?, ¿quién tiene miedo? ¿quién se enfada?. La respuesta siempre es "yo".

En ocasiones a los niños que tienen miedo, les digo que lo busquen desde los pies a la cabeza y que si lo encuentran les doy una recompensa. Creo que la respuesta libera.

A los adultos, les doy una recompensa de 20 mil euros a quien encuentre ese *yo* que tanto nos hace sufrir. La persona que lo encuentre tiene que mostrar la forma, el color y el tamaño… vamos, que todos al verlo pudiéramos identificarlo y dijéramos: ¡ah sí! ese es el latoso yo.

LA DEPRESION

Existe una emoción en la humanidad hoy día, que se ha hecho muy popular: La Depresión. Ésta no se inicia de un día para otro, es todo un proceso repetitivo de pensamientos negativos, de experiencias de sufrimiento y sentimientos de tristeza redundantes, todos los días y a todas horas, despiertos y durmiendo. El entrenamiento es tal que a las personas depresivas cada vez les cuesta más salir de esa experiencia que ellos recrean una y otra vez. Es como un chapapote viscoso y negro del que no se pueden despegar. Es fundamental no dejarse llevar por esos pensamientos interminables y abandonarlos cuanto antes.

Para ser felices necesitamos ser conscientes de las emociones y pensamientos que terminan en una depresión, que suele iniciarse con la tristeza. Ésta irá aumentando hasta llegar a la depresión, un día ya no tienes ganas de salir de casa ni hacer nada; nos inunda una gran tristeza, no podemos parar de llorar, o no hablamos nada porque tenemos una gran oscuridad en nuestra mente: todo lo vemos negro.

Antídotos a la depresión:

1) *Observar la mente a menudo.* La depresión contiene pensamientos repetitivos de auto-crítica, por ejemplo: "No sirvo para nada, "Nadie me cuida", "Nadie me quiere" o "Nunca hago nada bien." Ojo, puede estar escondiendo una expectativa o un interés. Son personas que hacen algo pero esperando agradecimiento y al no obtenerlo surge la frustración.

64

2) *Sentir gozo de las cosas que tenemos*: debemos pensar en nuestras buenas cualidades, en las personas buenas que están a nuestro alrededor, en nuestro potencial. Incluso el hecho de que estemos vivos, de que podamos caminar o el hecho de ver puede ser causa de gozo. Decirnos a menudo esto es una gozada.

Pensar que hay personas que están peor que uno, como los niños que están en hospitales con enfermedades muy graves, sin solución.

3) *Pensemos que todo es transitorio, es impermanente*, son como nubes en el cielo; de la misma forma ¡la depresión también pasará!.

4) *Implícate en ayudar a otros que estén necesitados*, regala un perro a alguien que esté depresivo y eso hará que su atención se centre en la mascota y no en pensamientos como "pobrecito de mí qué desgraciado soy".

UNA BOMBA ATÓMICA AL CORAZÓN DE LOS SUFRIMIENTOS

Deseo compartir con vosotros la práctica de la *Alquimia del sufrimiento*, que es el título del libro budista que tanta influencia tuvo en mí. Consiste en transformar los sufrimientos en felicidad.

Ésta es una práctica que si se realiza con respeto y sinceridad, produce la trasformación de una experiencia de sensación de pérdida y vacío, en plenitud y gozo, de sufrimiento en felicidad. Está muy relacionado con la liberación de las emociones destructivas. Se trata de:

La práctica del dar y tomar (Tog Leng)

Con esta práctica aprovechamos cualquier experiencia del sufrimiento para liberarnos de él.

Toda nuestra felicidad viene de los demás. *El cambiarse uno mismo por los demás es la psicología fundamental que elimina la raíz de todos los problemas de la vida* y elimina todos los obstáculos. Realizando esta práctica con el corazón, todos los problemas te llevan al camino de la felicidad.

Cuando tenemos una experiencia de sufrimiento, como un accidente, la pérdida de un ser querido o una enfermedad, sea la que sea, podemos transformarla en felicidad si realizamos la siguiente experiencia con compasión y deseándolo con sinceridad. Si logramos dejar de pensar en nosotros, en que desgracia la mía, pobrecito de mi, entonces debemos pensar así:

¡Puedan todas las formas de sufrimiento de todos los seres fundirse en este sufrimiento que experimento ahora!, ¡Puedan ellos librarse de todo sufrimiento!

Entonces imaginamos que el sufrimiento de todos los seres es el que uno está experimentando y al inspirar entra por la nariz y llega hasta el corazón diluyendo el *ego* que nos hace infelices. Después pensamos:

¡Pueda toda fuente de bondad, toda felicidad, liberarles de todos sus sufrimientos!.
Y visualizamos que reciben todo lo que necesitan para ser felices y estar contentos.

Esta experiencia de imaginar es como lanzar una bomba atómica en nuestro corazón y destruye por completo nuestro Ego. No hay nada más poderoso para liberarnos del egocentrismo. Porque si en esos momentos en los que estamos sufriendo, somos capaces de pensar en el sufrimiento de los demás e intercambiarnos con ellos y desearles felicidad, el dolor es mucho menor pues dejas de pensar en tu pobre cuerpo y mente. Ésto lo he experimentado más de una vez y funciona muy bien. Sales de la experiencia dolorosa con una amplia sonrisa y tu recuperación es más rápida.

No hay que tener ningún temor a sufrir nosotros el sufrimiento de los demás, porque no podemos experimentar algo que han generado los demás. Si fuera así ya los Budas o los santos hubieran tomado todos nuestros sufrimientos y nos habrían liberado.

También se puede hacer como decía Shantideva:

Que su negatividad madure en mí
Que toda mi virtud madure en ellos.

Tuve la ocasión de poner en práctica el cambiarme por los demás cuando tuve un accidente en casa realizando unas reformas. Tenía que sacar unos escombros y bajarlos por la escalera con una pequeña grúa. La viga de acero que sujetaba el motor cedió y me dió de refilón en la cabeza, produciéndome una herida superficial en escalpe (la piel se desplaza). Mientras me llevaban al hospital me puse a realizar esta práctica tomando el sufrimiento de todos los que pudieran estar heridos en el mundo y mandándoles toda felicidad y alivio. Como no pensaba en *mí* apenas sentí dolor y si una sensación de paz y alegría. Tuve que pasar la noche en el hospital como precaución y dormí como un bebé. A nivel biológico esta práctica es muy poderosa ya que se ponen en funcionamiento muchas neuronas en el cerebro que generan sustancias químicas que nos dan satisfacción.

NUNCA ES TARDE PARA CAMBIAR

La leona y la cría de ónix

Estaba viendo un reportaje sobre animales en la televisión (en You Tube está también), cuando me dejó impresionado la escena de una leona que estaba al lado de una cría de antílope ónix. Esperaba que en cualquier momento lo devorara, pero no ocurría así: resultaba impresionante ver como en un momento dado abre la boca con signos de ir a comérsela, pero renuncia a su instinto sin ninguna explicación lógica. La mujer que realizaba el reportaje estaba tan sorprendida como yo. Llevaban unos días conviviendo, el ónix dormía encima de la leona, ésta le lamía, la cría no mamaba leche porque había perdido a su madre, no pudiendo comer hierba aún. La leona no cazaba por miedo a perder la cría, ni siquiera comía cuando una

68

noche le dieron un trozo de carne para que se alimentara.

La reportera bióloga después de investigar había enviado las imágenes por Internet y preguntado a muchos biólogos, naturalistas, etc. pidiendo que le dieran una explicación de tan extraordinario comportamiento. Llegaron a la conclusión de que en algún momento habían matado a la familia de la leona, recibiendo un gran impacto y al quedarse sola, y como los leones son animales muy gregarios, al no poder entrar en ninguna manada por miedo o rechazo, buscó llenar ese vacío con la cría de ónix. Iban autobuses y camiones de africanos a ver este hecho tan insólito: un milagro de la naturaleza.

En algún momento su instinto de supervivencia, que es de los más fuertes en todos los seres, *cambió* por la necesidad de tener compañía y familia, adoptando a la cría de ónix. Estuvieron quince días juntos sin comer, llegando a la inanición. Hasta que un día otro león se comió a la cría de ónix. La leona agazapada, con pena y miedo al otro león, observaba el desgraciado hecho y se quedaba sola de nuevo.

Pero ahí no termina la historia, la leona poco después cazó para alimentarse y siguió adoptando crías de antílopes africanos, pero ninguna le duró tanto como la primera.

Esta leona nos muestra que es posible cualquier cambio en nuestra mente; que los deseos, los apegos, las emociones destructivas pueden ser controladas y apaciguadas renunciando incluso al instinto más básico, el de supervivencia.

Estoy convencido de que si una leona puede renunciar a su instinto de supervivencia (el de matar para sobrevivir) por tener compañía, no existe nada que el ser humano no pueda cambiar en su comportamiento. Nosotros, con muchas más capacidades y sabiduría, podemos ser mejores y modificar nuestros comportamientos más agresivos o violentos, y desarrollar los más altos valores y metas que nos propongamos. No hay nada que no podamos llevar a cabo si nos lo creemos. Nos lo impide el no creer en nosotros porque nos minusvaloramos. Pero os digo que sois seres únicos, no hay nadie como vosotros, con un ADN único.

Un día mientras daba un taller sobre Afectividad y sexualidad en un Instituto, después de decirles las frases anteriores, un chico de 14 años me dijo "Tío me ha llegado", poniéndose el puño cerrado sobre el corazón.

Hay muchas personas que ponen siempre muchas excusas para intentarlo pero en realidad no desean cambiar, diciendo: "yo, ya no voy a cambiar, soy muy mayor, a estas alturas no voy a cambiar" Si se quiere, se puede, pero es más cómodo no hacerlo.

Para ser felices es evidente que debemos adiestrarnos con la fuente, con la base donde anidan y actúan todos los pensamientos, sensaciones y sentimientos: *La mente*. Porque si no conocemos donde surgen las emociones, difícilmente vamos a cambiarlas o apaciguarlas.

La mente posee una cualidad, que es la libertad para expresarse en conciencia y no podemos desperdiciarla en el silencio de la incomunicación, por miedo a exponernos. Solo se expone quien tiene miedo a perder algo; cuando no hay nada que perder... se gana la libertad infinita de la conciencia expresada en verbo.

CAPITULO 3

CONOCIENDO LA MENTE

Tu mente crea tu realidad, lo que pensamos es en lo que nos convertimos.

SS D. Lama

Es así de claro, si dejamos que se instale en nuestra mente el enfado, el odio, la envidia, eso será lo que se reflejará en nuestras acciones, y los demás se alejarán de nosotros diciendo que esa persona es insoportable y no hay quien la aguante, o "qué egoísta es". Por el contrario si permitimos e impulsamos los pensamientos amables, pacíficos y altruistas de beneficiar a los que nos rodean, esto generará en los demás un deseo de estar con nosotros porque captaran nuestra paz y amabilidad.

Hay una historia del libro de los Cantos de Milarepa que enseña a descubrir y conocer la mente.

Milarepa y el joven pastor

Un joven pastor llevando a pastar su rebaño, llega por casualidad a la gruta donde meditaba Milarepa. Con sencillez, entabla conversación con el yogui que estaba meditando. Milarepa le dijo que la consciencia vivía en el cuerpo como un habitante en una casa y la comparación le dejó perplejo.

- Una casa de seres humanos, dice el pastor, es el lugar donde habita una persona, pero es también el lugar al que vienen muchas otras personas. Entonces, en el interior del cuerpo, ¿hay una sola mente o muchas mentes?. Si hay muchas, ¿cómo puede ser esto?.

71

- ¿Una mente? ¿O muchas mentes? Obsérvate a ti mismo, dijo Milarepa

- Entendido, dijo el joven y, se fue a su casa.

De regreso a la mañana siguiente, le dijo a Milarepa: Maestro, ayer por la tarde observé mi mente y traté de ver lo que es: no hay más que una mente. Esta única mente, si se la quiere matar, no se puede, si se la quiere expulsar, permanece; si se la quiere atrapar, no se puede; si la queremos aplastar, no la podemos comprimir; si se desea que se quede, no se queda; si uno quiere expulsarla, no se va; si queremos verla, no la vemos, si la examinamos, no la comprendemos. Existe y no se detiene. Si pensamos que no existe, por el contrario continúa. Es algo que conoce, que es claro, que está vivo, que es amplia y que no puedo comprender. Por favor, Maestro, enséñame qué es exactamente la mente.

Milarepa respondió con este canto:

Pastor guardián de corderos, escúchame.

El azúcar, tan agradable

como es oír hablar de su sabor,

no es saborearlo.

Tener una idea

no es degustarlo tampoco.

Pero si está en contacto con el paladar,

entonces es saborearlo verdaderamente.

Lo mismo vale con la mente

cuando otro nos lo explica,

uno se puede hacer una idea,

pero ciertamente no la ve.

Si, por el contrario te apoyas sobre esta idea

y buscas la mente, Entonces la verás.

Pastor, así debes permanecer con tu mente.

Pues entonces, -continúa el pastor-, esta cierta idea que viene de la explicación, ofrecédmela por favor. Esta noche buscaré la mente, y mañana volveré a veros.

De acuerdo, dice Milarepa. Esta noche examina pues bien cuál es el color de la mente. ¿Es blanco, rojo o de algún otro color? ¿Cuál es su forma? ¿Es alargada o redonda? ¿O quizás de otra forma? ¿Dónde reside? Busca bien, desde la cabeza hasta la planta de los pies.

Al día siguiente, al salir el sol, vuelve el joven pastor, poniendo su rebaño delante de él.

¿Encontraste anoche la mente? Preguntó Milarepa.

La he encontrado, responde el pastor.

Entonces, ¿cómo es?

Está viva, clara, no se la puede identificar, no tiene color ni forma. Asociada con el ojo, ve; asociada con la oreja, oye; asociada con la nariz, huele; asociada con la lengua, habla y saborea; asociada con las piernas, anda ...

En el budismo se trabaja con la mente. Conocer la mente es la solución a nuestros problemas. (SS D. Lama. Adiestrar la mente)

El budismo en su mayor parte está basado en hechos científicos como se puede ver en la historia del pastor cuando busca la mente y su funcionamiento; esto es algo que muy pocos conocen: el budismo está basado en razonamientos lógicos, que han sido probados en la práctica y *cada uno de nosotros puede investigar.*

Cuando un científico está haciendo una investigación tiene que encontrar el por qué de lo que hace, no puede decir que lo que ha descubierto es cierto porque lo dice él. Tiene que encontrar una razón para decidir en que dirección dirige su investigación y comprobar una y otra vez que es correcta.

Si probamos una y otra vez que funciona entonces es un hecho científico.

Creemos que nosotros controlamos lo que queremos hacer, que somos libres, pero nada más lejos de la realidad. Pensamos que somos independientes, emancipados, que tenemos libertad tan solo porque viajamos por el mundo, pero, aunque nos lo creamos, no somos libres. Lo que quiero decir es que lo que realmente nos oprime es nuestra mente desordenada, debido a que ignoramos quien es nuestro enemigo, que no es otro que el "yo" que se apega y aferra a todo. Cuando descubrimos cómo funciona esa mente y quién la controla ahora, entonces y sólo entonces, podemos liberarnos del sufrimiento.

Nos levantamos una mañana y pensamos que el mundo es fantástico, otro día opinamos todo lo contrario. ¿Por qué? Científicamente es imposible que cambie tan radicalmente. *Es la forma en la que tu mente ve las cosas.* Si pones el cristal verde de la envidia y los celos, surgirá el enfado, la intranquilidad y la inseguridad. Si ponemos el cristal rojo de la ira, veremos problemas y enemigos. Si lo vemos de color amarillo es porque nos obsesionamos y estancamos en los problemas; si la vida la vemos de color gris a negra es debido al miedo y la desconfianza.

Por ejemplo, un modo sencillo de examinar nuestra mente es ver cómo percibimos las cosas, cómo las explicamos. ¿Por qué tenemos sentimientos tan distintos hacia un jefe o una pareja, en un mismo día? Por la mañana estamos satisfechos con él, pero por la noche no lo vemos tan claro. ¿A qué se debe esto?. ¿Ha cambiado tanto en tan poco tiempo?, entonces ¿a qué se debe ese cambio en nuestra opinión?.

Podemos hacer cien mil cosas provechosas y beneficiosas

por una persona, y en el momento en el que uno realiza algo que la disgusta, se enfada y se desvanecen las cien mil cosas positivas que realizamos por esa persona en toda una vida de convivencia.

Automáticamente se etiqueta *"ese es mi enemigo"*. No creo que la persona haya cambiado tanto ¿no?, sólo por una acción no podemos etiquetar como mala a una persona, *la acción o las palabras no son la persona*. Debemos tratar de ser más flexibles con los demás y diferenciar entre lo que es la persona y lo que hace verla como enemiga, que no es otro que el engaño del enfado que le está dominando.

Si en algún momento comprendemos esto, cuando veamos que el responsable del daño o la maldad que nos ha hecho una persona es el engaño "x", con esa comprensión solo puede haber amor y disculpa hacia esa persona que es dominada por ese engaño "x".

Si no lo podemos lograr ahora es por el hábito de respuesta inmediata que tenemos: si recibimos daño respondemos con agresión. Si recibimos insulto nos enfadamos o insultamos también. Es como una reacción alérgica: se tiene el contacto con el agente alergógeno y se produce la reacción. Pero de la misma manera que uno se puede librar de esa alergia, del mismo modo podemos librarnos de la reacción de enfado y transformarla en un amor libre de sufrimiento.

La mente siempre está expuesta a las expectativas agradables y desagradables, por lo tanto sufrimos. Porque unas no se ven satisfechas, ni se libera uno de las otras. Muchas veces se ven las expectativas dimensionadas, unas hacia lo agradable y otras hacia lo negativo.

La mente puede acostumbrarse a los pensamientos negativos de tal forma que incluso las pequeñas cosas irritan o se transforman en un inmenso problema para esa persona. Tal persona puede enfadarse mucho con esas pequeñas cosas que crean más pensamientos y acciones negativas que, a su vez, dan lugar a más infelicidad. La apariencia (el objeto) se transforma en nuestro enemigo y entonces es difícil ser felices.

A la mente *se la compara con un océano o con un panal de miel rodeado de un enjambre de abejas, donde las olas o las abejas son todos los acontecimientos mentales como la satisfacción, el sufrimiento, las fantasías etc.*. De la misma manera que las olas se pueden calmar y las abejas alejar, también es posible calmar la mente para que veamos clara la realidad que nos rodea.

Una forma amable de pensar nos lleva a la felicidad, mientras que una forma negativa conduce a los problemas. La mente etiqueta una situación como problema y entonces la vemos como problema: cuando uno otorga la etiqueta "malo" o lo imputa como malo, entonces vemos como malo algo que un instante antes lo veíamos bueno.

Etiquetamos como malo algo que percibimos como un problema en vez de pensar en los beneficios de ese problema, por ejemplo, practicar paciencia, ejercer nuestra creatividad, descubrir o rehabilitar habilidades que teníamos ocultas y desconocíamos, de la misma forma que una sustancia venenosa puede ser utilizada en ciertas prácticas médicas como las homeopatía para curar a las personas. De hecho, en la Universidad Politécnica de Valencia unos médicos están realizando unas investigaciones que demuestran que el veneno de serpientes tiene unos beneficios importantes para muchas enfermedades. Así, si una persona nos está dañando, podemos utilizar esa contingencia para obtener infinitos beneficios de esa persona, aprendiendo de esta experiencia.

También podemos descubrir qué "engaño" es el que hace que la otra persona nos haga daño, criticándonos o nos chilla. Si descubrimos cual es su engaño, entonces comprendemos y cuando hay comprensión hay amor; porque entiendes que esa persona está dominada por los celos o la envidia. De la misma manera que no podemos enfadarnos con alguien que está enfermo, tampoco podemos enfadarnos con alguien que tiene celos por ejemplo. Los celos son una enfermedad también, pero mental, que no da fiebre pero sí mucho sufrimiento. ¿Cómo no vamos a perdonar a alguien que sufre?. Si no podemos es porque carecemos de compasión, y compasión no es otra cosa que desear que deje de sufrir.

La base de la mente es buena en sí misma, es la naturaleza de la mente despierta. Es como el agua pura: puede contener barro, pero si se queda quieta, el barro se asienta y el agua vuelve a ser cristalina. Incluso aunque le eches alquitrán, el agua seguirá siendo agua.

Nuestras mentes están constantemente fabricando etiquetas que afectan a nuestras vidas. Dependiendo de la etiqueta, experimentamos sensaciones diferentes—agradables, desagradables o neutras. Así es como funciona nuestra vida las 24 horas del día. (L. Yeshe. Tu mente un océano).

Una metáfora que a mi me ha ayudado a entender qué es la mente es la que explica Yongey Mingyur (La alegría de vivir). *"Imaginaos una casa enorme con cinco agujeros, uno en cada una de las direcciones y otro en el techo, que representan las cinco consciencias sensoriales. Alguien suelta un mono dentro de la casa, que representa la conciencia mental. Viéndose dentro de una enorme casa, no es de extrañar que el mono se vuelva loco saltando de agujero en agujero para ver lo que hay, buscando algo nuevo, diferente e interesante.*

Según lo que va encontrando, el mono loco decide si las cosas que percibe son agradables o dolorosas, buenas o malas, o a veces simplemente aburridas. Uno que viera la casa desde fuera podría pensar que hay muchos monos sueltos en la casa, pero en realidad solo hay uno: la consciencia mental agitada y no entrenada".

Al hablar de mente no me refiero al cerebro, que es la parte del cuerpo a la que va toda la información, y quien la organiza. El cerebro no nos dice ahora vas a sentir miedo, o amor y lo experimentamos. Primero sentimos y luego el cerebro procesa la información que hace que ésta llegue a donde es preciso. Si es felicidad se genera endorfinas y si es estrés se genera cortisol. Pero no sucede al revés. Un ejemplo es el de una mujer que tiene un impacto emocional por la muerte de su mascota, la menstruación se le retrasa o se le para. La emoción afecta al cerebro, éste deja de segregar hormona leutenizante y provoca ese efecto. Por lo tanto la pregunta sería: ¿quién controla esa emoción?, porque el cerebro no genera el impacto ni lo provoca.

La mente es *conocer y experimentar.* Es la conciencia misma; es el espíritu, como la llaman los franceses. *Su naturaleza es clara y refleja todo lo que ésta experimenta sin discriminación; como un lago tranquilo refleja los bosques y montañas de los alrededores.*

Atendiendo a su esencia, a su naturaleza y a su modo de funcionamiento Kalu Rimpoche (Palabras y rostros de Kalu R.) define que la mente es conjuntamente: vacuidad, claridad e inteligencia.

Vacuidad *(vacía)* por no tener existencia material, claridad por su capacidad de conocer todas las cosas e inteligencia por su capacidad de distinguir todos los fenómenos e identificarlos.

La verdadera naturaleza de la consciencia es el estado puro de conocimiento o total claridad de la mente.

"Es decir, ver las cosas claras" y esto sucede así cuando no existe nada que nos impida ver, como son las emociones, los oscurecimientos, y la más importante, la *ignorancia* que cree lo que ve sin cuestionar nada, ni se plantea como surgen las cosas o los fenómenos.

Si tenemos sabiduría analítica, podemos controlar el tipo de reflejo que permitimos aparecer en el espejo de nuestra mente. Pero si ignoramos lo que pasa por nuestra mente, ésta reflejará cualquier basura con la que se encuentre, lo que nos enfermará psicológicamente. Tú debes saber discernir entre los reflejos beneficiosos y los que te traen problemas. (Lama. Yeshe).

La transformación del pensamiento es una psicología para sanarse uno mismo, viendo las partes positivas en vez de las negativas.

Por ejemplo *"la muerte"*. En nuestra cultura hablar de la muerte es algo a evitar, negativo, pero todos tenemos que pasar por esa vivencia de forma directa o por alguien cercano. Todos los días mueren muchas personas en el mundo; es algo normal, pero nos sigue dando miedo o rechazo. En realidad es la alucinación la que causa el miedo, es la superstición la que nos hace no aceptarla, es decir lo que hemos aprendido.

En otras culturas como la hindú, los familiares, amigos van tras el difunto y una banda de música toca canciones alegres. Todo depende de la cultura y de lo que a cada uno le enseñan.

Lo importante en la muerte no es el hecho inevitable, sino la forma de morir, la tranquilidad en ese momento es clave para realizar bien el viaje, ya que puede ser muy ajetreado. Es muy importante estar preparados, estar tranquilos, haber cerrado cualquier conflicto y saldadas las deudas. Es como cuando un niño aprende a nadar: al principio tiene miedo, porque desconoce la sensación de no hacer pie, pero, poco a poco, uno va aprendiendo a nadar, pierde el miedo y se libera en el agua nadando.

Estar apegados a esta vida como si fuera lo único que existe, os puedo asegurar que sólo nos trae mucho sufrimiento. Cada día mueren muchas personas y animales; es inevitable porque todo es impermanente. Se sufre por miedo a morir; cuando se carece de ese miedo se vive más feliz, y lo sé por propia experiencia. El día 4 del 4 de 2004, tuve una caída de unos 10 metros, mi mente desconectó cuando estaba en el aire, en el mismo instante que pensé me voy a matar, y se hizo todo oscuro. Al tocar el suelo con la pierna derecha noté un fuerte dolor y pensé, me he roto la pierna; luego apoyé la pierna izquierda, percibí también dolor y pensé: me he roto la otra pierna. Después mi cabeza se iba a estrellar contra un pequeño muro de cemento que había en el suelo del jardín, pero un cojín que llevaba dentro de la cazadora salió y amortiguó el golpe. Solo me rompí el metacarpiano del dedo índice y el ligamento del dedo pulgar de la mano derecha se quedó pendiente de un hilo. Por eso sé que nuestro organismo está diseñado para cambiar de escenario en cualquier momento. Sólo hay paz; el dolor vino cuando mi consciencia volvió a la vivencia de este mundo.

Daniel Goleman lo describe en su libro "El punto ciego". El cerebro desconecta para no sufrir.

Es el miedo a lo desconocido lo que nos hace ver la muerte como algo negativo, y se pierde el miedo cuando nos familiarizamos, viéndolo como un proceso natural, como un viaje.

Lo mismo sucede con el envejecimiento, pues desde que nacemos ya comenzamos a envejecer. No es más que un proceso natural, por eso deberíamos disfrutar cada momento de nuestra vida con sabiduría y plena consciencia. Sería terrible que, siendo jóvenes, nos levantáramos de repente con el aspecto de un anciano de ochenta años: el impacto sería terrible. Pero al envejecer lentamente nos vamos haciendo a la idea sin que nos perturbe mucho

Lo importante en el inicio de ese viaje, es morir en paz. Si estamos con alguien que va a morir no debemos causarle ninguna molestia, ni llorar delante de esa persona, para que pueda irse con calma.

La mejor manera de ayudar es recordarle a la persona que está muriendo, sentimientos de compasión hacia los demás, o a los Seres Santos en los que crea y recitarle oraciones de la religión que profese; y si fuese ateo, leerle párrafos de su libro favorito siempre que sea de inspiración y paz. Todo cuanto pueda ayudar a tranquilizarla, es de gran ayuda en el momento de la muerte.

La historia siguiente puede ser de ayuda a las personas que estén sufriendo por la pérdida de un ser querido.

Hubo una vez una mujer hindú que perdió a su único hijo por una enfermedad. Como era rica, recorrió India buscando un remedio para él hasta que por fin murió. Desconsolada, y habiendo oído hablar de los milagros y poderes del Tatagatta, se entrevistó con él y le suplicó que le devolviese la vida a su hijo.

El Tatagatta se compadeció de ella y le dijo lo siguiente: Sí, mujer, te ayudaré con tu hijo. He de preparar una poción pero me es indispensable que me procures la materia base, el grano de mostaza. Habrás de traerme unos granos de mostaza, pero entiéndeme, deberán proceder de una casa donde la muerte no haya llamado.

La mujer visitó los confines más ignotos del país pero no fue capaz de encontrar una casa donde la muerte no se hubiese llevado a un hijo, un padre o un hermano. Comprendiendo la lección sobre lo transitorio y efímero del existir, buscó de nuevo a Buda y se postró ante él tomándolo como supremo maestro. Alcanzó la iluminación en esa misma vida.

Aunque soy enfermero pediátrico, nunca había asistido a la muerte de un paciente. Pese a que uno de los sitios donde trabajé varios años fue Urgencias de Pediatría, no tuve que atender ningún fallecimiento. No me gustaba en absoluto la idea de tener que presenciarlo. Pero recibí varios cursos sobre la muerte, leí varios libros y todo ello me proporcionó una comprensión y entendimiento del proceso de la muerte.

Coincidió con esta preparación el que yo tuviera una experiencia con la muerte de un niño de 11 años, que nació con un Síndrome de Inmunodeficiencia Innata; era un caso inusitado en el mundo (no es el Sida). Se pasó su vida entrando y saliendo del hospital, recaída tras recaída. Un día ingresó en el Hospital con una enterocolitis grave. Su último día de vida le atendía yo: entré en la habitación y, mientras le ponía una medicación en el gotero me preguntó sin mediar palabra, Juan si me muero ¿qué pasa?. Me quede mirándole buscando una respuesta, y viendo todo su sufrimiento le dije: "que descansarás". Los padres, que estaban en un rincón de la habitación bastante abrumados por la situación, me llamaron la atención: ¿cómo le había dicho eso a su hijo?. Salí discretamente de la habitación sin decir nada.

Transcurridos unos minutos tuve la necesidad de entrar, me senté a su lado y le cogí la mano sin decir nada. Mario me dijo, gracias Juan. ¿Por qué? le pregunté; por cogerme la mano. El niño tenía miedo. Poco después murió y descansó.

Espero que esté en un lugar donde no exista la palabra sufrimiento. Fue uno de los instantes más provechosos de mi vida, porque Mario tuvo paz y tranquilidad para irse. Al estar preparado para comprender la muerte y su significado, para mí resultó una experiencia de aprendizaje de tranquilidad y paz.

TIPOS DE MENTE SEGÚN EL CONOCIMIENTO

En la filosofía budista existen tres niveles de conciencia:

- *Nivel burdo o superficial,* que corresponde al funcionamiento del cerebro en relación con el cuerpo y el entorno, donde se tienen toda clase de emociones.

- *Nivel sutil,* que correspondería a la noción del Yo y la facultad introspectiva de la mente de examinar su propia naturaleza. Contiene las tendencias y pautas habituales.

- *Nivel muy sutil,* es la facultad cognitiva de la mente libre de conceptos y emociones. Es un nivel al cual sólo se llega con entrenamiento contemplativo, constante, y después de transcurrido mucho tiempo.

El nivel *burdo y sutil* está relacionado con las emociones a las que se las compara con las olas de la superficie del océano; éstas no afectan al nivel más sutil, mientras que la *naturaleza fundamental de la mente*, el nivel muy sutil, sería la profundidad del océano, donde las olas de la superficie no le afectan aunque haya un huracán.

Es importante indicar que las emociones destructivas son intermitentes, van y vienen; no siempre están presentes aunque algunas sean muy persistentes, como la obsesión que genera un apego o una venganza. La mayoría de nosotros experimentamos emociones negativas en diversos momentos,

83

pero eso no significa que tales emociones sean inherentes a la naturaleza de la mente. Es como el oro, que puede estar recubierto de tierra, pero cuando se le libera surge el oro con todo su esplendor. Sólo existe un engaño que permanece hasta que nos liberamos de él, la *ignorancia*, que ve la realidad de forma distorsionada.

Esta ignorancia se produce al ver únicamente un aspecto de un objeto o fenómeno, cuando está probado que todos los objetos o fenómenos son dependientes de múltiples causas, es decir son coemergentes; sin embargo, lo vemos sólidamente existiendo independientemente. (Daniel Goleman "Emociones Destructivas")

Normalmente estamos en la primera, en la *mente burda*. Un ejemplo muy claro: es la mente del personaje del "Señor de los anillos" Gollum, que está todo el tiempo "*deseando su tesoro*"; se trata del ego más superficial o burdo, que desea apoderarse del anillo a cualquier precio, incluso matando a su mejor amigo en el día de su cumpleaños. En la otra mente son otros los pensamientos o razonamientos que prevalecen y mantienen un diálogo, considerando el otro punto de vista: intentar ayudar a Frodo, diciendo "el amo te ha ayudado, el amo es bueno". Es la *mente sutil* con capacidad introspectiva, de análisis, la que ve que no está actuando bien; y se puede observar gracias a la *mente muy sutil* que es como el espacio donde no hay etiquetas, ni deseos, ni rechazos: observas la realidad. Es la paz. Por eso cuando estamos ahí podemos percibir los pensamientos y percibir si nos dan felicidad, o como en este caso de Gollum, nos causan sufrimiento.

Pero si no conectamos con esa mente sutil o muy sutil es como ir conduciendo de noche sin luz y con curvas. Así nos va, dándonos unos tortazos a cual más grande y más torpe. A veces incluso vemos que nos vamos a equivocar y seguimos, diciéndonos "es que tenía que vivirlo".

En la mente están las etiquetas con las que designamos las experiencias conscientes e inconscientes. Toda la creación de pensamientos, percepciones, sensaciones, memorias y sueños están en nuestra mente. Muchas veces he oído en el trabajo decir, refiriéndose a otro: *"uno debe dejar los problemas de su vida en casa"*; como si nuestro cuerpo fuera independiente de la mente. No es nuestro cuerpo quien va de arriba para abajo; es nuestra mente, de la cual no sabemos cómo opera. Aunque uno diga que deja los problemas en su casa y que en el trabajo ya no los tiene, esto es falso. Se observa fácilmente en las reacciones de las personas que están en algún conflicto: ante cualquier acontecimiento responden de una manera poco flexible y con mucha ira. *La única forma de no ir con el problema al trabajo, es no verlo como un problema para que no nos afecte*, porque mientras lo veamos como un problema y nos afecte, no podremos desembarazarnos de él y reaccionaremos con rabia ante cualquier cosa que nos altere.

La mayoría podemos ver que la felicidad no surge solamente de factores externos. Si observamos nuestra vida diaria, vemos que ello es evidente. Nuestra felicidad requiere de la intervención de ciertos factores internos para que se produzca. Si solamente el desarrollo externo pudiese producir una paz duradera en los seres vivos, todas las personas que tienen mayor cantidad de posesiones materiales deberían tener más paz y ser más felices, asimismo, todos los que tienen menos deberían tener menos paz y menos felicidad.

Sin embargo, hay muchas personas pobres que son felices, y muchas personas ricas que son muy infelices. Los ricos también lloran; los vemos a menudo como personas que se hacen famosas y al cabo de pocos años mueren trágicamente, muy infelices y desgraciadas.

"Es fácil poder cambiar las circunstancias externas; lo verdaderamente difícil es cambiar la mente dominada por las emociones destructivas".

Esto es así porque, en primer lugar, no se quiere cambiar la forma de pensar, y en segundo lugar porque se cree imposible hacerlo y se justifica con el razonamiento habitual "yo no voy a cambiar ya, yo soy así". En tercer lugar simplemente no se desea cambiar. Preferimos ser como un asno al que le ponen delante la zanahoria de las emociones, comportándonos según el tipo de emoción que penetra en nuestra mente. Si entra el enfado, dañamos a alguien, si aparecen los celos matamos a la pareja porque es nuestra.

Es clarificador ser conscientes de cómo nos pueden dominar las emociones. Hasta las personas más simples pueden alcanzar estados de conciencia elevados mediante la lectura de libros y, después, buscando un maestro que explique todo de forma directa.

Calmar la mente significa no consentir la construcción de juegos artificiales (El canto de los 4 clavos de Milarepa).

Si observamos cada pensamiento, sensación o emoción que pasa por nuestra mente como una nube, la ilusión del "Yo" se irá diluyendo y surgirá una sensación de presencia consciente más calmada, pacífica, y con más espacio entre un pensamiento y otro. Imaginaos que estáis en un cine viendo una película, y entre vosotros y la pantalla hay un espacio; nosotros no estamos en la película ¿verdad?. Ese espacio es el que nos permite ver los pensamientos negativos. Y cuando consigues reírte de ellos ya no te afectarán igual, o incluso ni te afectarán, porque te liberas de su influencia.

La armonía y la paz que se alcanza es mayor en las personas que más han renunciado a una mente descontrolada. Cuanto más se *renuncia* a la actitud de estar centrados en nosotros mismos, en la ira, la ignorancia, el apego y otras emociones destructivas, mayor es la felicidad que se obtiene... Estos son los verbos claves a conjugar, *renunciar* al egocentrismo y *aceptar* lo que se tiene. Por ejemplo, si no tenemos un automóvil de alta gama, aceptamos tener una moto o una bicicleta. Si tu pareja decide terminar con la relación, lo aceptamos y renunciamos a ella; claro que va doler, y durante un tiempo nuestro ego sufrirá.

Recomiendo repetir a menudo la frase del cuento del rey que pidió una frase corta a la que acudir cuando tuviera acontecimientos importantes. La frase era. *¡Esto también pasará!*. Nada dura para siempre.

Cuando observamos una sociedad materialista, vemos que el progreso material aumenta continuamente (esto también pasa), pero como resultado, la gente está cada vez más ocupada, teniendo que afrontar más y más problemas cada día. Las personas no tienen tiempo para relajarse y se tornan nerviosas, muy irritables y tremendamente estresadas; una discusión de tráfico puede terminar en una agresión o incluso en la muerte (ya ha sucedido).

Un ejemplo en la sociedad hiper-ocupada, es el de la mujer actual pasando de ser *ama de casa* a *súper mujer,* que no solo tiene que *trabajar, comprar, cocinar, lavar la ropa, planchar,* sino que además ser *madre* y *buena amante.* Menuda "liberación". Yo estoy seguro de que no podría...

También ocurre todo lo contrario: nos volvemos indiferentes, despreocupados, más acomodados, y nos movemos menos. Ésto hace que cada vez tengamos menos ganas de hacer cosas, salir de casa, relacionarnos... El hombre sofá y engullidor, y claro está, toda esa comida se transforma en grasa que se estanca, y nuestra salud se deteriora. Como resultado: más infelicidad.

En la medicina tradicional china se nos trasmite: *"Huye de la comodidad como de la peste"* o también *"Lo que no se mueve se pudre o se oxida"*. Si uno no mueve la sangre, que es como el combustible del cuerpo, se estanca y la energía no llega bien a las células a través de los nutrientes y se pueden producir trombos al realizar un esfuerzo. También al estancarse la energía se producen dolores por tensión, sin haber sufrido golpe alguno, en zonas del cuerpo como brazos, piernas, tórax, espalda. El estado normal de un cuerpo es "el silencio" sin dolor alguno. Si existe un punto que duele sin causa alguna, está indicando un problema que puede hacerse importante más adelante; se debería de investigar qué causa el dolor y tratarse cuanto antes.

Si la felicidad depende del desarrollo externo, lugares como Suiza, Japón y los Estados Unidos serían lugares de paz. Surgirían menos peleas, menos luchas, menos violencia, menos suicidios, pero no es así. En Suiza y Japón hay un alto índice de suicidios; por lo tanto, el estado de bienestar material no da la felicidad. Algo falla en su método de búsqueda de la felicidad.

L. Yeshe decía: *A las mentes que tienen ese tipo de fe en el mundo material, yo las llamo estrechas, limitadas; no tienen espacio. Más aún, iría mucho más lejos hasta incluso decir que en esencia, dicha mente estrecha está enferma, insana. En el lenguaje budista la denominamos dualista.*

El tener dinero y propiedades no es malo, pero sí lo es

darle demasiada importancia y creer que nuestra felicidad depende de ello, deseando acumular más y más. Los problemas surgen cuando tenemos una gran dependencia de las cosas materiales y sufrimos cuando las perdemos. lo ideal es disfrutar lo material cuando lo tenemos y aceptar cuando no lo tenemos o lo perdemos.

Es mucho más importante tener una paz interior, porque si el interior esta liberado de engaños, no importará dónde nos encontremos ni lo que tengamos: siempre encontraremos la utilidad en la belleza de la experiencia. No hay comparación entre ellas. La liberación y paz interior es infinitamente más efectiva en la producción de una felicidad verdadera que el desarrollo externo, porque todo lo externo lo podemos perder, mientras que nuestro interior nadie lo puede dañar. Podrán clavarnos un puñal, pero no dañan a la mente liberada. Lo digo por propia experiencia: cuando uno piensa antes en los demás que en el dolor que experimenta, ese sufrimiento se alquimiza en felicidad. Si piensas en ese momento de dolor, que muchos otros lo están sufriendo, pasando por lo mismo, y deseas que no sufran, se liberen de ese dolor, y que su sufrimiento penetre en tí, dejas de pensar inmediatamente en "pobrecito de mí, qué desgraciado soy, qué dolor tengo". El pensar en los demás es como una bomba atómica que estalla en el Ego de nuestro corazón y lo destruye.

Una vez que estaba poniendo una moqueta en casa, me clavé el cúter en la muñeca al apoyarla en él; me enrollé un trapo y fui al hospital. Mientras esperaba unos minutos a que me dieran siete puntos, me centré en la respiración y luego practiqué el tomar el dolor de los demás y desearles que se vieran libres de dolores. Tuve menos dolor porque no pensaba en mí y fue un tiempo bien aprovechado.

Desarrollo de la Sabiduría de la visión de la realidad

Esa mente no encuentra un recipiente, sino el modo de existencia de un recipiente

D. Lama- Sabiduría Trascendental

Para poder conocer qué decisión o qué dirección tomar en la vida, necesitamos de la inteligencia, de la sabiduría y la fe. Es necesario desplegar las tres juntas. Buda comparó la fe con un gigante ciego que se encuentra a un pequeño cojo de ojos de lince llamado sabiduría. La fe le dice a la sabiduría: *"Soy muy fuerte, pero no puedo ver por dónde voy. Y tú eres muy débil, pero tienes muy buenos ojos. Ven y móntate en mi espalda. juntos iremos muy lejos"*. "La fe ciega puede mover montañas, pero no sabe qué montañas mover o las mueve erróneamente. La sabiduría tiene el ojo de lince de la visión interior". (Ayya Khema)

La sabiduría no es algo con lo que nacemos; cuando venimos a este mundo somos muy torpes e inútiles: necesitamos que nos lo enseñen todo. Tenemos más facilidad para aprender unas cosas que otras, pero para todo lo que debemos aprender necesitamos maestros; incluso Jesús o Buda fueron enseñados. Por ello es imprescindible adiestrar la mente en la meditación, conectando con la mente clara y lograr así claridad mental.

A fin de hacernos una idea de lo que es la *mente clara o la claridad de la mente*, existen tres experiencias cotidianas donde entramos en contacto con ella, según el Dalai Lama: durante el *estornudo*, en el *bostezo* y en el *orgasmo*.

Sin obstáculos internos no hay creador de obstáculos externos. (L. Yeshe). Por tanto, para sanar o desarrollar la mente necesitamos entender los dos niveles de la realidad: la verdad *convencional* y la *verdad última*.

La mente convencional, es la forma habitual de ver la realidad de todos los seres, la forma de razonar para no dañar a los demás, el desarrollo de la mente virtuosa que busca su felicidad y la de los demás. Es la forma convencionalmente establecida, por ejemplo, de que la tierra es redonda y está en el espacio, o de que los colores del arco iris son tal y como los vemos. También al observar el color verde: solo lo vemos verde.

La mente última es la apreciación de la interdependencia de todos los fenómenos: ver que todo fenómeno depende de causas y condiciones. La realidad no es inamovible, sino que cambia momento a momento, cuando las causas que hacen que sea de una determinada manera terminen, la realidad cambiará. Por último, es ver que nada tiene existencia inherente, es decir, nada existe por sí mismo. Con esta mente, cuando vemos el verde vemos también el color amarillo y el azul.

Por ejemplo, una montaña depende de una serie de cataclismos para que surgiera en el lugar donde la vemos. Pudo iniciarse en el Big-Bang, es posible, pero no surgió porque ella misma dijera en algún momento, "voy a aparecer en este lugar surgiendo de la nada". No, no acontece así.

Con esta claridad mental veríamos que los colores del arco iris tienen una composición de otros colores y dependen de la luz y el agua para que surja en el espacio su imagen colorista; pero eso no lo vemos. Sí, ya sé que lo sabes, pero se trata de verlo directamente, sin necesidad de pensarlo.

Todos los fenómenos son como ilusiones; existen de forma dependiente y no hay nada que sea independiente. Todas las cosas son elaboraciones de elaboraciones, como ilusiones engañosas; pero son capaces de otorgar beneficio y de infligir daño. (D. Lama- Sabiduría Trascendental). La diferencia metafórica sería como ver el universo desde una cueva, o contemplarlo desde el espacio, donde no hay obstrucciones tales como las nubes para ver el infinito universo.

Para poder desarrollar la sabiduría tenemos que razonar una y otra vez todo lo anteriormente explicado, hasta que nuestra visión parcial de la realidad se vaya ampliando y clarificando. Es un proceso lento o muy lento; dependerá de muchos factores, uno de ellos, el tiempo que le dediquemos.

Para que se entienda: es como cuando los nativos de América vieron llegar a los europeos montados en sus caballos y creyeron que eran un solo ser, mitad hombre y mitad caballo, hasta el día que distinguieron al hombre bajando de su montura. Del mismo modo nos pasa a nosotros con la visión de la realidad, cuando vemos una flor, sólo vemos la flor, pero no vemos ni el sol, ni el agua, ni los nutrientes, ni los pigmentos que hicieron que tomara su color, etc.. Seguro que muchos os estáis preguntando ¿para qué sirve esto?. Muy sencillo, para no quedarte enganchado en la realidad que solemos ver, como si nada fuera a cambiar: todo muy sólido, nuestro *yo* muy real. Esta visión del yo y de la realidad nos lleva, como al indígena, a salir de nuestra ignorancia y ver cómo los fenómenos y el *yo* no tienen ninguna existencia consistente. Dependen de causas y condiciones; pero esto lo veremos más adelante.

CAPITULO 4

¿QUÉ ES FELICIDAD?

"La mente sin creación artificial es la felicidad"
SS. D. Lama. Adiestrar la mente

Una de las definiciones que nos da el diccionario de la lengua castellana es: La felicidad es la ausencia de sucesos desagradables en alguna acción o situación. También hace un comentario: *la felicidad absoluta es una quimera anhelada por todos los seres humanos.*

Ante esta definición yo manifiesto que no puedo estar de acuerdo en absoluto; el que lo escribió esto debía de ser muy infeliz. La felicidad absoluta es alcanzable, pero no con los valores, las limitaciones y debilidades que actualmente tienen nuestra mente y cuerpo.

Miguel de Unamuno dijo: *Son tantos los mortales que no pueden digerir la felicidad porque la felicidad no es cosa fácilmente digerible; es más bien, muy indigesta.* Yo me pregunto ¿cómo puede ser indigesta si es felicidad?, porque es evidente que si es indigesta será en todo caso infelicidad o sufrimiento indigesto.

El Laboratorio de Estudios Neurobiológicos de Madrid realizó un estudio con un grupo de 140 personas, de entre 18 y 42 años a los que preguntó *dónde localizaban la sensación de la felicidad.* Las respuestas fueron muy variadas. Hay quien la siente por todo el cuerpo, como una oleada de calor que todo lo invade estimulando pensamientos y

93

emociones. Otros perciben la felicidad de forma difusa en el pecho y en el vientre o en la cabeza, como algo íntimo. Un grupo de encuestados consideró que la felicidad no tiene manifestación corporal sino exclusivamente espiritual. Finalmente, hubo quien consideró que la felicidad es una mezcla de emociones espirituales y físicas difícilmente localizables.

Como vemos, la felicidad es algo que todos los seres anhelan, pero de la que no se tiene clara su definición; ni la idea de qué es felicidad, ni cómo lograrla. Se dice que para cada uno es diferente, que lo que para unos es felicidad, para otros puede no serlo. Estoy convencido de que si es genuina felicidad, lo será igual para todos. Resulta pues imprescindible definir claramente qué es felicidad y qué no lo es. Qué es felicidad engañosa o momentánea y qué es felicidad verdadera.

Todos buscamos la felicidad y, como dice Matieu Ricard en "El monje y el filosofo":

La felicidad es el objeto principal de nuestras aspiraciones, cualquiera que sea el nombre que le demos: plenitud, satisfacción profunda, serenidad, realización, sabiduría, dicha, alegría de vivir o paz interior. Y cualquiera que sea nuestra manera de buscarla: creatividad, justicia, altruismo, esfuerzo entusiástico, realización de un proyecto o de una obra.

Mi propia definición que he desarrollado a lo largo de todo mi aprendizaje, como resultado de las enseñanzas que he recibido, los estudios y meditaciones es:

La felicidad es la experiencia de gozo y sabiduría vacía de conceptos, libre de emociones aflictivas y de sufrimiento.

Para no perdernos en los infinitos goces, es necesario distinguir dos tipos de felicidad:
La felicidad engañosa y la felicidad verdadera.

LA FELICIDAD ENGAÑOSA O TEMPORAL

Es toda experiencia de gozo o bienestar que es momentánea, atrapándote una y otra vez para volver a experimentarla; donde las frustraciones son contínuas y la adicción por obtener el exiguo premio va creciendo constantemente como en una máquina tragaperras.

"El placer se agota en su mismo disfrute, al igual que una vela se consume al arder y un polo al comerlo, se queda en un palo".

Porque en el preciso instante que empieza el disfrute inicia su finalización. De igual forma que desde que nacemos se inicia nuestra vejez y nos acercamos más y más a la muerte.

LA FELICIDAD VERDADERA

Es un estado de gozo permanente, que proporciona una paz vacía de conceptos y libre de todo sufrimiento, donde no existe ni frío ni calor, bueno o malo, alto o bajo, bello o feo, y sobre todo no hay ni pérdida ni ganancia. Es la paz.

Esta sensación profunda de plenitud no depende del tiempo, la ubicación o de los objetos: *es un estado mental que cuanto más se experimenta más se desarrolla.* Nunca se cansa o se aburre uno de percibirlo, sobre todo cuando se integra en la mente y se hace permanente.

Aristóteles decía que no hay nada que pueda sernos agradable siempre. Pero como se muestra a lo largo de

95

este libro existe una acción, una actividad que si se realiza con la mentalización adecuada, produce *siempre* felicidad y resulta siempre una experiencia gozosa capaz de trasformar la mente.

Para la mayoría de las personas, la felicidad es obtener todo lo que uno desea, *salud, dinero y amor,* pero vemos que a lo largo de la historia de la humanidad eso no fue así, personas que tuvieron dinero abundante, poder, salud y amor fueron infelices. Hoy día sucede lo mismo, nunca se sacia la sed por las cosas materiales, nunca nos sentimos colmados.

Otros creen obtener la felicidad buscándola en el sexo y se hacen adictos, esclavos, pero siguen sin tener nunca bastante, siempre hay una sensación de insatisfacción, siempre se tiene ansia de felicidad. Es como tener sed y beber agua salada.

Para lograr esta felicidad verdadera que todos buscamos y poder eliminar definitivamente el sufrimiento, hay que utilizar un *método* correcto para adiestrar nuestra mente.

Ese método no es otro que el de desarrollar la bondad o realizar acciones positivas y erradicar o abandonar la malicia, las acciones no virtuosas o negativas. Es necesario tener una moralidad, un comportamiento ético, que no es otra cosa que el respeto a los demás, en esto consiste la Ética, en no causar daño a los demás y respetarles, porque a nadie le gusta que se burlen de él o le falten el respeto.

A veces nos sentimos arrogantes cuando nos sentimos felices; nos sobreviene la efusividad, la exaltación y exhibición y esto hace que seamos el centro de atención de otras personas que tienen su mente bajo el engaño de la envidia y los celos, disparándose el deseo de criticarnos y perjudicarnos a la menor oportunidad que tengan. Por eso recomiendo no hacerse notar si ello es posible. La humildad es un requisito necesario para desarrollar el método que nos conducirá a la felicidad.

La bondad

El intelecto busca, pero es el corazón quien halla
George Sand

Es evidente que para poder ser felices, uno tiene que tener un comportamiento ético con los demás; uno no puede ir por ahí molestando, perjudicando y dañando a los demás sin que le afecte y sin experimentar sufrimiento, porque es evidente que quienes hacen daño luego tienen miedo a que les dañen, y por lo tanto sufren. Es necesario tener unas reglas, unos principios y valores de comportamiento que nos sirvan de guía en este mundo. En el cristianismo están los diez mandamientos y en el budismo están las diez acciones virtuosas. Los musulmanes y los judíos también tienen sus reglas de respeto a los demás.

La mejor manera para tener felicidad es hacer felices a los demás: es la mejor manera de ayudarnos a nosotros mismos; de esta forma *recibimos sensaciones de satisfacción, aún sin ser conscientes.* De igual forma, si dañamos a los demás, nos estamos perjudicando, porque dañar a otros no nos aporta ni paz ni felicidad, sólo desdicha y dolor, ahora y en el futuro.

Esto sucede así porque al contemplar que los seres que nos rodean son felices (familia, amigos), nosotros también nos sentiremos satisfechos. No es lo mismo decirle a tu madre "qué necesitas, mamá" que decirle "déjame en paz, pesada".

Observar lo beneficioso que resulta una mascota en las

personas con depresión o que viven solas. Con la mascota su atención se vuelca en ese ser que necesita: comer, beber, ser aseado, sacarle a pasear, etc. Tengo una amiga, Regina, que en un momento de mucha tristeza en su vida se compró un perro pequeño, y me contaba que, cuando ella se ponía a llorar, el perrito iba a lamerle las lágrimas que corrían por sus mejillas. Realmente fue muy favorable para ella tener esa mascota y no caer en la desesperación.

Es así porque la persona deja de pensar en ella misma, en lo desgraciada que es y en que lo que le sucede es injusto. Su atención está en otro ser y se siente útil, ¡necesaria!, lo que le da una responsabilidad de gozoso beneficio.

No se pregunta ¿por qué a Mí?. Toda su atención va dirigida fuera de sí misma, fuera de su egoísmo, ocupándose de las necesidades de otro ser. Es así de sencillo… ¡y qué complicado lo hacemos a veces!

Estas acciones bondadosas realizadas para los demás, tienen un efecto positivo en nuestras mentes. Es lo opuesto a las acciones nocivas que dañan a los demás, que dejan impresiones negativas en nuestro continuo mental. Cada uno elige libremente, salvo cuando las emociones destructivas dictan nuestras acciones y palabras, dominándonos por completo. Hacemos daño y nos lo hacemos también a nosotros. Por eso cuando somos conscientes elegimos si queremos ser felices o infelices, somos nosotros quienes decidimos si estudiamos o no, si nos casamos y con quién, si trabajamos en lo que nos gusta o en lo que no nos gusta; seguro que alguien está pensando que no puede cambiar de trabajo y seguro que ahora no pueda ser pero dentro de unos meses sí…quizás te ofrecen otro trabajo…

Hay un ejemplo de cómo nos complicamos la vida para

sufrir: tenemos una vivienda y nos compramos otra en el monte o la playa a veces a pocos kilómetros. No pensamos en los gastos y problemas que ocasiona: cada vez que llegas o te vas a la otra casa tienes que limpiar, te obligas a ir siempre al mismo sitio cada año de vacaciones, porque para éso la compraste... Con los gastos de la segunda casa, seguro de hogar y gastos comunes tendrías para ir a un hotel donde quisieras y sin tener que limpiar al llegar o al irte.

Para mostraros que las emociones afectan no solo a nuestra mente sino que también a nuestro cuerpo y al ADN, existe un experimento realizado por el Dr. Masaru Emoto, que nos muestra fotográficamente cómo las moléculas de agua congelada adoptan diferentes formas según la procedencia de su recogida, ya sean manantiales o hielo antártico. Lo más sorprendente es ver qué sucede cuando pones agua destilada en un frasco y lo expone a la música o le pone palabras durante un tiempo como "ángel" en uno y "demonio" en otro. En las fotografías de las moléculas de agua destilada congeladas, se ve que las formas de las moléculas han cambiado y son diferentes las de un frasco a las del otro. Incluso cuando se realiza el experimento con arroz hervido, se comprueba que el de un frasco se ennegrece y el otro no. Hay otro tercer frasco en el que no escribe nada, el arroz de este se pudre. Esta información la podéis ampliar en Internet: "Los mensajes del agua".

Pero esto no sólo demuestra que cuando insultamos, vejamos, criticamos y difamamos diariamente, afecta al agua de la otra persona y, mantenido en el tiempo, afectará al ADN provocando enfermedades...Además afecta a nuestra agua, porque los insultos y ofensas salen de nosotros, de nuestra estructura corporal que es de un 50 a un 70%

agua. Nos dañamos también a nosotros mismos, pudiendo también enfermar.

Cuando entramos en contacto con experiencias dolorosas y nuestros sentidos entran en contacto con ellas, experimentamos sensaciones desagradables y sufrimiento. Así es como empiezan los problemas en nuestra vida. Uno ve a alguien y siente una aversión o enfado hacia esa persona u objeto y no sabe por qué. Esto es así porque nuestros pensamientos negativos, aprendidos en el pasado, abarrotan nuestra mente. Si no hubiéramos aprendido ese rechazo o enfado, es imposible que surgiera la idea y la acción. Si ponemos dos niños de dos años, uno blanco y otro de color, jugaran sin ningún problema porque aún no han sido entrenados a rechazar al del otro color.

Debemos de tener claro que una cosa es la felicidad verdadera, la que se incrementa continuamente y otra la satisfacción momentánea o temporal.

Pero no debemos de creer que el tener satisfacciones temporales es malo, ¡no!. Podemos disfrutar de una posición holgada económicamente y tener todas las comodidades: lo importante es cómo utilizamos ese estatus, esa buena vida o esa "vidorra" que disfrutamos.

Por eso si la despilfarramos en cosas mundanas, la satisfacción será mundana, si la utilizamos para vivir bien y beneficiar al mayor número de seres, nuestra vida será de continua satisfacción, tendrá una satisfacción gozosamente espiritual. Cada uno decide. Asumamos nuestra responsabilidad, porque nadie nos obliga a tomar la decisión de ser egoístas o altruistas.

No tenemos tampoco que flagelarnos o deprimirnos si vemos que nuestra vida la estamos enfocando desde un punto de vista superficial, buscando una felicidad momentánea o estamos en un estrés diario increíble. Pero sí, *debemos ser conscientes y detectar que ¡somos infelices!*, y decirle a nuestro ordenador mental que vamos a cambiar, a generar una alquimia en nuestra vida con el objetivo de ser felices. Se puede hacer, sólo tienes que desearlo; no importa el tiempo, debe permanecer en tu mente ese cambio.

No debemos forzarnos, ni culpabilizarnos, ni entrar en una depresión, debemos de ser bondadosos con nosotros y con nuestra situación. Lo más probable es que no podamos realizar todo lo que nos hace felices enseguida, que incluso tardemos años; no importa. Lo verdaderamente importante es ser conscientes de que ahora no somos felices y que debemos de dar una respuesta diferente a la situación de infelicidad que ahora tenemos, para hacer aquello que nos proporcionará felicidad verdadera, la que nunca se agota ni nos cansa. Que no suceda como cuando saboreamos un polo o una piruleta y al terminarla sólo nos queda el palo.

La felicidad momentánea depende de muchos factores y cualquier factor que cambie, como la muerte de alguien cercano, nos hará infelices, nos derrumbará y entraremos en una depresión que nos inmovilizará. Tenemos que vivir la experiencia de la muerte con naturalidad.

Un jueves de los que hablaba en radio Luz de Valencia, toqué el tema de la impermanencia y la muerte; llamaron cuatro personas y todas manifestaron la necesidad de estar preparados para la muerte o el abandono de un ser querido. Una de ellas era una mujer y daba gracias a su madre por la forma como se despidió de todos ellos, la tranquilidad y la paz con la cual dejó este mundo. *"Fue una experiencia gozosa"* comentaba mientras se emocionaba al recordarlo. Otra persona manifestaba que ella no deseaba ser una carga para sus hijos, y deseaba morir en un hospital, atendida por profesionales. Hay que respetar el deseo de cada persona.

CAPITULO 5

LA MEDITACIÓN

La habilidad para conseguir la felicidad está en la mente y la llave de la mente está en la meditación. La meditación es un adiestramiento.

"Estamos fragmentados en muchos aspectos distintos. No sabemos quiénes somos en realidad, ni con qué aspectos de nosotros mismos deberíamos identificarnos, ni en cuáles deberíamos creer. Hay tantos sentimientos que luchan por el control de nuestra vida interior, tantas voces y dictados contradictorios, que nos dispersamos por todas partes y en todas direcciones y nadie se queda en casa". (Sogyal Rimpoche "Meditación")

Por eso meditar consiste en ir a nuestra casa; es ir a la mente clara, a la calma y a la liberación de todo sufrimiento.

El propósito de la meditación *es ser consciente de lo que entra y sale de la mente*, para no ser esclavizados por los engaños y las emociones destructivas. Para ello, primero tenemos que calmar la mente llevándola a casa, centrando la atención en un objeto o acción, por ejemplo en la respiración. Porque lo que nos sucede normalmente es que no sólo estamos distraídos pensando en una cosa mientras hacemos otra, sino que nos vemos atrapados por emociones que nos hacen daño. La experiencia del daño suele venir de fuera pero nos

103

afecta dentro, no pudiendo pensar con claridad y por tanto, tomando decisiones erróneas una y otra vez. Nadie toma las decisiones por nosotros. Quien tiene la última decisión es uno mismo.

Como decía Lama Yeshe: *"La meditación funciona porque es un método que no precisa que creas en él, solo tienes que ponerlo en práctica por ti mismo"*.

La meditación no está ligada a la palabra, es sabiduría. Esto es así porque cuando tu mente se calma y ves las cosas claras, tienes más seguridad… y sabes qué puedes decidir sin dudar, porque te da confianza en que lo que decidas estará bien.

El término tibetano *gom* asignado para la meditación, significa *familiarizarse.* Hay muchas técnicas de meditación en las que familiarizarse. Algunas las expondré en este libro.

Conectando con la calma y la energía

Para ser felices tenemos que calmar la mente y una manera de calmar la agitación mental *es concentrarnos en todo lo que hacemos.*

Dime como respiras y te diré lo feliz que eres.

Pensamos que la respiración no tiene importancia, hasta que nos falta a causa de una enfermedad, o porque nos ahogamos. No le damos la menor importancia ya que no cuesta ningún esfuerzo y se realiza automáticamente. Podemos dejar de comer varios días, estar sin beber pocos días, podemos estar sin dormir, pero no sin respirar unos minutos: nuestras células necesitan respirar.

En el parto en el agua, se puede ver que el bebé no

respira mientras está en el agua; sólo cuando sale de ella y se pone en contacto con el aire hace su primera respiración que normalmente es un llanto. Antes no precisa respirar porque lo hace a través de la sangre de la madre y precisa mucho menos oxígeno.

Hoy día se nos ha olvidado cómo respirar. Casi todas las personas respiran con el tórax en lugar de realizarlo con el abdomen. Es la época del hombre y la mujer tórax, que se le ha olvidado respirar o lo hace muy superficialmente, sobre todo por el estrés y la ansiedad.

La respiración del bebé

En la Medicina Tradicional China que me aprendí durante tres años, se dice que el pulmón es el maestro de la energía. Si no respiramos bien, o sea con el abdomen, que es como respiran todos los bebés, el aire no llega bien a los alvéolos más finos de los pulmones y tampoco se va a expulsar todo el aire: siempre va a quedar aire viciado o sin renovar. De este modo la energía no circula bien y se producen bloqueos o estancamientos; o un trombo. Además, si el diafragma no se mueve y no mueve los órganos y entrañas situadas debajo, éstos se vuelven perezosos y no emitirán las sustancias maravillosas que nuestro cuerpo necesita. Por tanto la energía que necesitan las células no va a llegar o va a llegar mal debido a los bloqueos que se producen en el fluir de la energía: la sangre. Esta carencia va a hacer que esas células se rebelen diciendo: "tú no me das el alimento y energía que necesito, pues me la tomo yo" Entonces se independizan del cuerpo, y empiezan a nutrirse por ellas mismas y mutan. ¿De dónde van a tomar el alimento? De los tejidos que tienen alrededor. Según me trasmitieron los médicos que me formaron en la escuela del Profesor Padilla, ésta es una de las teorías acerca de cómo se desarrolla un tumor o cáncer, invadiendo todo lo que hay a su alrededor.

No respirar adecuadamente, va a causar también que no llegue bien el oxígeno a las neuronas del cerebro y no pensemos con claridad; y ésto, junto a la excesiva comodidad e inmovilismo mental, hace que tengamos esos lapsus de memoria, y sobrevenga el Parkinson o el Alzheimer, que cada vez aparecen a más temprana edad.

Si al respirar no expulsamos todo el aire, se va quedando aire viciado, que no se renueva y no va oxigenar bien nuestro organismo, con lo cual vamos a estar más cansados, menos atentos y somnolientos.

Mi experiencia con esta respiración abdominal, es que hoy día estoy menos cansado que cuando tenía dieciocho años. Al tener todo el organismo más equilibrado y la energía bien distribuida, se envejece más lentamente. Y es muy económica.

Recomiendo de nuevo al científico ruso Konstantin Pavlovich Buteyko, quien descubrió que la *hiperventilación crónica* es la causa de muchas enfermedades. Tenéis un resumen en el blog aprendiendoaserfelices.weebly.com.

Vamos a utilizar la *respiración* para relajar y equilibrar nuestra mente centrándola en el aquí y ahora. Si nuestra mente es como un corral con mil gallinas cacareando, no vamos a conseguir pensar con claridad, necesitamos ese espacio necesario para ver las cosas desde diferentes puntos de vista o dar con ¡la solución! al problema si la tuviera y sino, simplemente aceptarlo y adaptarse. Y sobre todo, para ver la realidad tal y como es, no como la percibimos ahora sesgada por nuestras supersticiones, nuestro apego, rechazo o indiferencia.

Respiración = Solidaridad.

En la respiración rescatamos la solidaridad.

Queramos o no, todos los seres somos solidarios, porque todos tenemos que compartir el aire que respiramos, por ejemplo, en una habitación al cabo de pocos minutos todos hemos compartido el mismo aire, respirado el mismo oxigeno; se han compartido las emociones afectivas o destructivas de las personas que hay en esa habitación. Todo el psiquismo sale con la espiración.

Cuando una persona entra en una habitación con una carga emocional alta, un enfado por ejemplo, todas las personas que están en esa habitación empiezan a encontrarse incómodas, comienzan a sentirse alteradas, cardíacas sin saber bien por qué. La reacción contraria ocurre cuando la persona que entra está feliz, pacífica y optimista: nos envuelve su estado de ánimo. Esto es debido a que compartimos la respiración y en ella va también la carga emocional de todas y cada una de las personas.

La respiración se constituye en la característica que hace al hombre ser consciente de que inevitablemente es solidario.

Permitidme que os muestre otra forma de respirar que os puede dar salud, claridad, paz y mucha energía. Sencillamente sentaos con la espalda recta, al principio en una silla si te incomoda la postura del loto. Cerrad los ojos y prestad atención a la respiración: cómo entra y sale el aire durante un minuto. Ahora haced una apnea con el abdomen (contener la respiración) hasta que os sintáis incómodos y soltad el aire con normalidad. Esto permite que nuestra mente descanse entre la inspiración y la espiración. Volved a centraros en la respiración e iniciad otra apnea sin forzar. Al principio yo sólo aguantaba quince segundos. No hay que tener expectativas, ni objetivos. Cuanta más continuidad, mejores resultados. Se puede hacer en el trabajo, en el autobús, en el coche, en la cama para dormir. Hay veces que me despierto de madrugada por algún motivo, la realizo tres o cuatro veces y me vuelvo a dormir. Incluso he experimentado que sirve cuando necesito apagar la acidez estomacal, después de una comida copiosa.

En el blog aprendiendoaserfelices.weebly.com, hay una variedad de respiraciones del Dr. K. Buteyko y como llevarlas a cabo, son buenas para las procesos respiratorios y alérgicos.

En los talleres que imparto les pregunto a los alumnos ¿cómo se apaga un fuego además de con agua?. La respuesta es: quitándole el oxígeno. Por eso esta retención de la respiración en el abdomen mejora a las personas con colitis ulcerosa, que no es otra cosa que un fuego que les quema el intestino. Lo he comprobado con niños de 9 a 14 años que ingresaban con colitis ulcerosa en el Hospital "La Fe" de Valencia, donde trabajaba como enfermero y, cuando realizaban la retención de la respiración mejoraban más rápido, tardando más tiempo en recaer.

La última persona con colitis ulcerosa a la que le he recomendado las apneas, ha sido un joven en el centro de salud; le enseñé a realizar esta técnica mientras le hacía una extracción de sangre, y después de un tiempo volvió para un nuevo control. Cuando le pregunté cómo le había ido, me contestó que los médicos le dijeron que había mejorado mucho. ¡Pues a seguir, chaval! Él asintió con una amplia sonrisa y mucha convicción.

La postura en siete puntos

Para iniciar toda meditación empezaremos por adoptar la postura correcta, para que la mente esté más relajada y tenga menos distracciones. Si no podemos, al menos mantendremos la espalda recta. Se puede hacer acostado si tenemos una merma física.

1. *La espalda recta*
Es lo más importante, imaginando que la columna es una pila de monedas de un euro. De esta forma se favorece la atención y que las energías de nuestro cuerpo fluyan adecuadamente. Al principio es normal que no aguantemos más de cinco minutos, porque los pensamientos no dejarán de venir, afectándonos en nuestro objetivo de estar en calma. Sencillamente permaneced.

2. *Las piernas*
Los pies se colocan cruzados sobre los muslos del lado opuesto de cada pie, con las plantas hacia arriba. Si no podemos, ponemos el pie izquierdo en el suelo debajo de la pierna derecha y el pie derecho encima del muslo izquierdo. Un pequeño cojín debajo de las nalgas nos ayudará a mantener la postura.

3. *Los brazos*
Permanecerán a lo largo del cuerpo con las manos entrecruzadas en el regazo, a cuatro dedos del ombligo; el objetivo es que haya aire en las axilas para sudar menos.

4. *La cabeza*

Deberá estar ligeramente inclinada hacia delante, si la tienes muy inclinada podrías tener sopor o adormecimiento y si está demasiado erguida, puedes tener dispersión y agitación mental.

5. *Los ojos*

Deben de seguir la línea de la nariz y dejar la mirada sin fijación en ningún objeto. Al principio es más fácil tener los ojos cerrados para favorecer la atención, pero se aconseja tenerlos ligeramente entornados, porque tenerlos cerrados es una ocasión para dormirse.

6. *La mandíbula*

Deberá estar relajada, los dientes y labios sin presionar.

7. *La lengua*

Permanecerá en el velo del paladar rozando ligeramente los dientes, para evitar que se produzca mucha salivación y tengamos que estar continuamente tragando, lo que nos distraería.

La postura en dos puntos

La espalda recta; podemos sentarnos en un sofá o en una silla, pero siempre manteniendo la columna recta.

El segundo punto, dejad el *cuerpo relajado y suelto.*

De está forma las energías fluyen mejor y favorece la concentración y la visión de la realidad más clara. Es tan sencillo como sentarse.

A continuación, debemos apoyarnos en un objeto o una acción, por ejemplo en la respiración. Existen varias tipos de respiración en los nueve puntos, unas más superficiales, otras más profundas y otras esotéricas. En este libro voy a explicar las dos primeras. La tercera requiere de un maestro cualificado que la enseñe.

Respiración de limpieza en nueve pasos

Introducción a la meditación mahamudra
V. Thrangu Rimpoche

La técnica comienza expulsando nueve veces el aire viciado de los pulmones.

Las *tres primeras,* se inspira y se tapa la fosa nasal derecha con los dedos y se espira por la izquierda. La primera se espira con mucha suavidad. La segunda, se inicia suave la espiración pero se va haciendo más enérgica. Y la tercera, se comienza con suavidad, se hace más vigorosa y se expulsa todo el aire viciado que se pueda a través de la fosa nasal izquierda.

Las *tres siguientes* se realizan tapando la fosa nasal izquierda y expulsando el aire viciado por la fosa nasal derecha, la primera con suavidad, la segunda con fuerza y finalmente por completo.

Las *tres ultimas* se repite el proceso sin taponar ningún orificio. La primera vez suave, la segunda con fuerza y la tercera por completo, expulsando todo el aire viciado.

Seguís inspirando con suavidad y se descansa la mente mientras el aire permanece dentro, en el vientre, tan

111

abajo como podáis, experimentando la sensación de que se disuelve en el vientre. En ese momento sencillamente descansad vuestra mente en eso. Tan pronto se haga incómodo, espiráis con suavidad. Entonces inspiráis y continuáis repitiendo el proceso el tiempo que deseéis.

Cuando se habla de aire viciado en los pulmones, se refiere a que debido al estrés de la vida, solemos realizar una respiración superficial moviendo sólo el tórax. Como no expulsamos todo el aire, no se renueva, y se dice que está viciado. Para renovar el aire, deberíamos de expulsar el doble de aire que el que entra. Por eso, esta respiración de limpieza viene muy bien para iniciar nuestra meditación, ya que vamos a tener la mente más clara.

La respiración de los nueve pasos

Primero tres respiraciones

Con el dedo indice de la mano izquierda se cierra primero la fosa nasal derecha y se inhala a través de la fosa nasal izquierda. Seguidamente se tapa la fosa nasal izquierda y se suelta el aire por la derecha Repetir tres veces.

En segundo lugar tres respiraciones

Ahora con la mano derecha y el dedo indice se cierre la fosa nasal izquierda e inhale a través de la fosa nasal derecha. Seguidamente cierre la fosa nasal derecha y exhale por la fosa nasal izquierda. Repetir tres veces.

En tercer lugar tres respiraciones

Respiración suave con ambos orificios nasales, tres veces.

Esta respiración nos lleva a centrarnos con muy poco esfuerzo y tener ya la mente lista para iniciar la meditación; es como un precalentamiento.

Esta respiración nos prepara para la atención.

La atención en la respiración

La primera persona que me enseñó a practicar la atención fue mi madre, aunque lo hizo sin saberlo; ella tenía mucho sentido común. A principio de los años setenta no existían en España hogares con aire acondicionado y sufríamos los calores de 40° del verano. Estábamos intentando dormir la siesta y nos quejábamos de que no podíamos hacerlo. Entonces nos dijo con toda naturalidad, *"si os estáis sin mover el calor será menor, pero si os movéis el calor aumentará"*. No solo era menor el calor, sino que también nos relajábamos y sin darnos cuenta nos quedábamos dormidos. Estábamos simplemente atentos a no movernos.

Una vez que ya hemos limpiado los pulmones de aire viciado e iniciado el centrado de la mente en una sola actividad como son los nueve pasos de la respiración, comienza el proceso de la atención.

Cuando tratamos de concentrarnos no podemos hacerlo, porque la concentración es un aspecto mental que necesita la presencia de otro aspecto mental que llamamos atención.

La atención supone acordarse durante todo el tiempo de que estamos concentrados. Esto traerá calma a nuestra mente.

Debemos mantener la mente atenta en una sola cosa cada vez y para ello vamos a utilizar la meditación en la respiración que es la meditación básica. Simplemente consiste en *permanecer.*

La respiración es como el ancla que mantiene la barca en su sitio, de la misma forma la respiración mantiene a la mente en la concentración durante la meditación.

A continuación nos vamos a centrar en la respiración. Existen varios métodos para lograrlo: uno consiste en contar cada respiración completa (inspiración y espiración), hasta

9, 11 o hasta 21; otro método radica en visualizar al inspirar un chorro de luz de un palmo de largo y la misma distancia desde la nariz hacia fuera al espirar. También podemos estar atentos a la entrada y salida del aire: las sensaciones que tenemos, por dónde pasa (cornetes, tráquea etc.). Cada uno elegirá el que más atención le genere.

La vamos a realizar mientras nos encontremos tranquilos y disfrutando, dejándolo cuando empiece a ser incómodo. Esto nos va a ayudar a ejercitar la atención. Cuando nos distraigan los pensamientos y seamos conscientes de ello, nuevamente fijaremos la atención en la respiración.

Enseguida nos vamos a dar cuenta de que no somos capaces de estar atentos en la respiración más que unos segundos. Nos parecerá que tenemos más distracciones, pero lo que sucede es que ahora estamos siendo conscientes de ellas. Simplemente somos conscientes de toda la maraña de sensaciones, emociones y pensamientos que están en la mente. Antes no teníamos conciencia de todo ello y ahora nos estamos asomando a la ventana de nuestra mente y vemos una fiesta en la que no falta nada.

Vas bien, no es razón de preocupación pues esto es debido a la falta de práctica; al no haberlo experimentado antes, es normal que nos distraigamos pensando en el futuro inmediato o en el pasado, o simplemente en que nos pica la nariz o nos duelen las rodillas. Es un engaño del Yo al que le estáis incomodando y lo que quiere es que le dejes en paz.

Con la práctica, las distracciones disminuirán y las molestias desaparecerán hasta poder pasar varias horas sin notarlas y manteniendo la atención.

Es una práctica que utilizan todas las escuelas de budismo para incrementar la estabilidad y la unidireccionalidad de la mente. Se incrementan así los poderes de concentración, la estabilidad emocional y se desarrolla la compasión.

MEDITACIÓN EN LA OBSERVACIÓN DE LOS PENSAMIENTOS

La segunda etapa de la meditación consiste en ser simples observadores de los pensamientos, con curiosidad, atendiendo cómo surgen, pero sin involucrarnos en ellos. Los dejamos diluirse como si viéramos una película. Tomamos nota de los pensamientos cuando aparezcan: "pienso en ir al cine", "me pica el cuello", "tengo que ir al supermercado", "oigo un claxon", o enfado, sonido, picor… Pero en cuanto surja el pensamiento, lo etiquetas, dejas que se diluya, no lo sigas, y observa si puedes averiguar de dónde brota. No reacciones con enfado, preocupación, excitación o aferramiento ante cualquier pensamiento que aparezca, como el picor de nariz, un ruido, el dolor de piernas, etc.

En este paso se consigue desarrollar el espacio necesario para poder ver la realidad con la calma necesaria. Si somos persuasivos en la práctica aflorará la calma que ya existe en nosotros: sólo tenemos que disminuir los pensamientos. Esto es así porque en la mente no están los pensamientos por sí mismos: alguien los ha puesto ahí. ¿Quién los pone?. La respuesta es muy sencilla: "Yo". Entonces tenemos que ser cada uno de nosotros quienes disminuyamos los pensamientos y apacigüemos la mente. Nadie lo puede hacer por nosotros; nos podrán inspirar o ser un ejemplo, pero tenemos que realizarlo nosotros mismos.

Nadie puede meterse dentro de vosotros, para daros

calma mental y sabiduría. Solo vosotros podéis. Aquí es donde nos empezamos a dar cuenta de que no controlamos lo que entra en nuestra mente, que puede incorporarse cualquier pensamiento o idea que nosotros hemos permitido que entre, porque estamos muy habituados a ellos. Por eso podemos ser dominados por cualquier emoción destructiva que surja; en definitiva: no tenemos libertad. Para eso es necesaria la práctica en la Atención Plena, para ser nosotros los que permitimos qué pensamientos entran en nuestra mente y cuáles no.

Vamos a ver con toda claridad las emociones: si una persona nos cae bien o no, si es atractiva o no, si es fea o guapa, baja o alta. Veremos que discriminamos por esta dualidad que hay en nuestra mente. A unos les rechazamos, otros nos atraen y otros nos son indiferentes.

Entonces nos surge la pregunta: ¿cómo controlar todos esos pensamientos y emociones?. Lo vamos a ver en la siguiente meditación avanzada.

MEDITACIÓN EN EL ESPACIO O MINDFULGAP DE LA MENTE CONSCIENTE DEL ESPACIO

Este es un tercer paso en la meditación para trabajar con las emociones, de Dzogchen Ponlop Rinpoché académico de las escuelas Kagyu y Nyingma del Budismo Tibetano.

Esta meditación se divide en tres métodos:

1° Método: *Mindfulgap (mente consciente del espacio)*

Consiste en dejar un espacio entre nosotros y las emociones. Siempre existe este espacio pero no lo vemos porque no hay ni un micro segundo entre un pensamiento

y otro. Ese espacio nos permite:
a) Ver la emoción
b) Ver la naturaleza de la emoción
c) Poder entenderla
d) Poder transformarla o diluirla.

2° Método: *Visión clara o lúcida.*
Consiste en hacer que el espacio sea más grande para ver mejor las emociones.

3° Método: *Dejarla marchar, liberarse, soltarla,* y se llega a dejar marchar al que deja marchar, al "yo" con sus emociones. Es el nivel de la esencia de las emociones.

En este tercer paso se avanza en la alerta y consiste en no dejar que surjan los pensamientos: estar alerta para no permitir que continúen cuando emergen. Imagina que eres una *pompa de jabón* extremadamente delicada, vacía… un sólo pensamiento la puede hacer desaparecer. Si nos distraemos involucrándonos en algún pensamiento, no pasa nada; volvemos a centrarnos en la respiración que sirve de ancla y permanecemos como una pompa. Este es el paso que hace posible el control sobre nuestra mente, solo es necesario práctica, como casi todo en la vida.

Eso que no ves, ni sientes, ni percibes, es la conciencia, la mente; y está libre de conceptos. La claridad se establece en tu mente poco a poco igual que las aguas revueltas de un río se vuelven cristalinas en los remansos o al llegar a un lago. Cuando cesa la agitación, los residuos que lleva se depositan en el fondo y se hace la claridad. Como el loto que surge del lodazal.

Cada vez tienes más espacio para controlar lo que va a permanecer en la mente. Y llegará un momento, ¡no importa cuándo!, en el que serás tú quien elija el tipo de pensamiento que continúa en la mente y aquél que rechazas. Así veras con suficiente espacio la emoción dañina, evitando que permanezca, y permitiendo sólo las emociones que sean realmente beneficiosas. Esto te lo va a proporcionar la sabiduría que te da el conocimiento de ese espacio sin límite que es la mente; porque la mente es claridad y conocimiento.

Cada momento que se crea una brecha en el fluir de la mente, la luz de la conciencia se vuelve más clara.

El profesor D. Francisco Varela (neurobiólogo) nos da una explicación metafórica de cómo se produce este "espacio" en el cerebro, en el libro Emociones destructivas D. Goleman.

"Las distintas neuronas del cerebro se encuentran en un proceso de continua oscilación, es como si cada una de ellas hiciera un wop (se hinchara) y luego puff (se deshinchara). En el momento del Wop es cuando las olas procedentes de diferentes regiones del cerebro se sincronizan y empiezan a oscilar simultáneamente.

En el momento del reconocimiento de un objeto se produce una sincronización así como en el momento de tener que pasar a la acción de pulsar el botón, pero entre el reconocimiento y la acción hay una pausa, es algo así como percepción...coma...acción".

Si alguien piensa que después de haber estado años sin entrenarnos en esto, con unas cuantas sesiones va a tener claridad mental, se va a llevar una gran decepción, porque no va a lograr nada debido a su expectativa e impaciencia.

Una de las cosas que no hay que tener es ningún tipo de expectativa, y mucho menos aún ponerse un tiempo para obtener logros. Pero tened seguridad en que, con el tiempo y la práctica, los beneficios llegan sin darse uno cuenta.

Yo no tengo ninguna prisa, sigo practicando hasta que logre la plena calma mental y la paz duradera.

MEDITACIÓN EN LAS TRES SILABAS

Permitidme que os muestre una meditación que me han trasmitido, y que considero de gran valor y utilidad para eliminar obstáculos en meditación y generar las causas para reconocer la mente, recibiendo todos sus beneficios.

Recordad todo el poder de la palabra demostrado científicamente por el Dr. Masaru Emoto en los "Mensajes del Agua", no importa qué religión o creencias tengáis; esto va a funcionar para mejorar la atención de vuestra mente.

Para este ejercicio mental vamos a utilizar un mantra muy básico: OM AH HUNG. Sin pronunciar las silabas.

OM va a representar la percepción de la experiencia.

AH representa su aspecto vacío o abierto.

HUNG representa la unión de la percepción y el estar vacío de independencia.

OM / Inspiras
Blanco

AH / Retienes
Rojo

HUNG / Espiras
Azul

Solo hay que hacer esto y es bien sencillo: al principio sin colores, y cuando ya estemos más familiarizados con la práctica, le ponemos colores.

En todas las meditaciones que he explicado vamos a pasar por una serie de niveles o progresos. Los maestros muy experimentados pueden permanecer en los tres últimos niveles que a continuación voy a exponer, y me atrevería a decir que siempre están en esos niveles. Permanecen en una atención plena y una paz gozosa.

LOS NUEVE NIVELES DE ESTABILIDAD EN LA MEDITACIÓN

Del texto Ornamentos de la clara realización de Maitreya

1- *Calmar la mente*
Poniendo la atención en un objeto durante poco tiempo
2- *Calmar la mente aún más*
Reconducimos la mente una y otra vez al objeto, ej. la respiración,
3- *Restablecer la mente continuamente*
La mente esta apaciguada pero siguen apareciendo pensamientos
4-*La mente se establece intensamente*
La mente se agranda y los pensamientos son pequeñas intrusiones
5-*La mente se amansa*
Se siente gozo, entusiasmo y relajación
6-*La mente se apacigua*
Seguimos apegados a las distracciones
7-*Pacificación completa de la mente*
Sin mayor importancia; ante cualquier distracción aplicamos el antídoto adecuado
8-*La mente unidireccional*
La mente está casi asentada por completo, pero hace falta algo de esfuerzo
9-*Descanso en la ecuanimidad*
La mente descansa naturalmente en su propia naturaleza (claridad y conocimiento).
De Thrangu Rimpoche (Introducción al mahamudra)

Progreso en la meditación: La experiencia del mar.

Cuando llevamos algunos años meditando y queremos chequear los progresos de nuestra meditación y por tanto, ver el control de lo que permitimos que entre en nuestra mente, deberíamos de tener en cuenta los nueve pasos que hemos explicado.

Existe una metáfora denominada la experiencia del mar: en su superficie puede haber tormentas, huracanes... pero en el fondo permanece la calma: tienes la confianza meditativa, incluso durmiendo. En esta fase no tienes apegos, ni enfados, ni indiferencia.

Percibes perfectamente los avatares que en la vida se te van a presentar, pero no te afectan; entonces puedes buscar la mejor elección, o solucionar el problema y, si no hay solución, aceptar la experiencia de vida, adaptándote a ella.

En esa profundidad de la mente, aunque vacía, existe toda la sabiduría a la que tienes acceso, y cuando preguntas, tienes la respuesta, pues de lo contrario la pregunta no podría formularse.

Como se tiene una gran confianza, al preguntar no tenemos la menor duda de que la primera respuesta que nos venga es la correcta y la que tendremos que seguir o realizar. No hay error porque esa mente es claridad y conocimiento. Por eso, cuando no hay confianza, preguntamos una y otra vez para ver si sale la respuesta que al Yo le satisface.

Es más sencillo. La dificultad en esto radica en conectar con esa mente clara, ya que está muy oscurecida por las emociones perturbadoras, los engaños y la ignorancia.

CAPITULO 6

¿CUAL ES EL PROPÓSITO DE NUESTRA VIDA?

Ser utiles y tener un ideal de vida.

No es sólo resolver nuestros problemas y disfrutar de la vida; eso es lo que la mayoría hace y siguen insatisfechos sin llegar a ser realmente felices.

El propósito de nuestra preciosa vida es, ser de utilidad para los demás; cuantos más seres resulten beneficiados, más útil será nuestra vida y más satisfechos nos sentiremos. Porque si sólo nos preocupamos de nosotros mismos, estamos limitando nuestra capacidad de beneficiar, de amar y solo seremos útiles a una sola persona, perdiendo la oportunidad de ayudar a infinitos seres. Imaginemos por un momento que todos los seres de este planeta fueran verdaderamente felices, que cada uno se preocupara de los demás: sería fantástico, habría una paz increíble; no existirían ladrones, ni asesinos; todos compartiríamos los beneficios de una vida más placentera.

Cada uno de nosotros tiene la responsabilidad universal de ser lo más útil para todos los seres sintientes, de hacerles felices y de aprovechar la menor oportunidad de ayudar a los demás. Si no lo hacemos, entonces no nos quejemos cuando vengan los problemas que nosotros mismos vamos generando con el egocentrismo que sólo trae infelicidad.

Esto es así porque si generas en tu mente el deseo de que los demás sean felices, de no dañar a los demás, al no causar perjuicio a nadie estás ofreciendo paz y felicidad a todos los seres del universo. Por todo esto podemos afirmar que mientras hay paz y dicha en nuestra mente no habrá sufrimiento. Porque no pueden concurrir las dos emociones al mismo tiempo: mientras sientas dicha no puedes sentir sufrimiento, porque ambas emociones no se pueden experimentar a la par. Se puede pasar de la dicha al sufrimiento en un segundo.

Hay una película "Volver a empezar" en la que el protagonista es un reportero de un canal de TV que vuelve una y otra vez a despertar el mismo día, en un pueblecito de EEUU, donde se celebra la fiesta de la marmota. El personaje va pasando por diferentes formas de llevar esa vida que solo dura un día. Haga lo que haga al día siguiente vuelve a despertarse en el mismo hotel y con la misma música. Al principio decide hacer maldades y decir barbaridades en la TV, luego intenta suicidarse de diferentes formas, pero siempre vuelve a despertarse con la misma sintonía de radio en su despertador. Un día comienza por ayudar a un niño que se estaba cayendo de la rama de un árbol y lo recoge en sus brazos; después, empieza a aprender a tocar el piano, hasta que lo perfecciona, a esculpir estatuas de hielo, y a ayudar a unas ancianas a cambiar la rueda del coche que había pinchado, haciendo que ese día se vuelva muy significativo y provechoso. Él había sido una persona muy egoísta; siempre estaba malhumorado y no creía en casi nada: sólo quería hacer su reportaje e irse lo antes posible para volver a la gran ciudad.

Esta película nos muestra como un día puede ser

desagradable, triste, poco significativo y anodino o, por el contrario, utilizar cada minuto en hacer cosas que hagan felices a los demás. Nosotros elegimos como queremos que sea nuestra vida: de utilidad, o una nulidad.

Está en nuestras manos generar o no buen corazón hacia los demás; si somos egoístas nadie recibe la paz y la felicidad que podemos ofrecer, pero si desarrollamos buen corazón, toda la paz y felicidad que experimentan los seres la reciben de ti, y además tampoco reciben ningún daño.

Antes de tener este pensamiento de compasión, de desear la felicidad de todos los seres, estabas actuando motivado por el egocentrismo y tus acciones se convertían en causa de sufrimiento. Pero en el momento que generas el pensamiento: *Soy responsable de la felicidad de todos los seres sintientes*; *"este es el propósito de mi vida"*, si adoptas esa responsabilidad universal, de repente se transforma en algo positivo para los demás, se vuelve provechosa para la humanidad, porque todos estamos interrelacionados, y esa idea, esa energía se expande como una onda en el espacio.

"Porque una gota de virtud diluye un océano de maldad"

Si no existe el deseo en nuestro corazón de que los seres sean felices, lo que nos queda es la mente egocéntrica o indiferente. Por eso es tan fácil enfrentarse con los demás cuando se está bajo la influencia del ego: dificulta las buenas relaciones y crea desarmonía y problemas. Cuanto más fuerte es nuestro ego, mayores son los problemas que experimentamos en esta vida. Necesitas más espacio entre los demás y tú, te sientes incómodo cuando estás cerca de los demás. A tus amigos les resulta difícil permanecer a tu

125

lado. Y si alguna vez encuentras un amigo, tu ego y las otras emociones se encargarán, tarde o temprano, de transformar a tu amigo en enemigo, ya que el ego genera apego y el apego provoca enfado cuando no se obtiene lo que se desea.

Me contaron el caso de un juez jubilado, que no salía de su vivienda para nada; le llevaban la comida a domicilio y la única relación que tenía con los demás la realizaba a través del ordenador, por Internet. Siempre permanecía en su casa, saliendo sólo para comprar tabaco y tirar la basura. Me produjo una sensación de pena y tristeza muy grande. Una persona que conoce la legislación podría ayudar a muchas personas dando consejos, asesorando en los múltiples papeleos que se deben de realizar en esta sociedad, por ejemplo a sus vecinos o a personas que necesiten redactar alguna reclamación o instancia ante algún organismo. Pero claro, para eso necesita relacionarse con las personas, conocer su vida, interesarse por sus problemas haciéndoles la vida más fácil.

Siempre que actuamos bajo el engaño del ego dañamos a los demás, porque el propósito de nuestro ego es alcanzar su exclusiva felicidad en perjuicio o por encima de los demás y todos reciben el daño de una sola persona: ¡Tú!

Por el contrario, si todas las personas se enfadan contigo y te dañan o incluso te matan, sólo eres uno; pero si tú no practicas el respeto a los demás y la compasión, muchas personas estarán corriendo el riesgo de ser dañados por ti. Lo podemos ver claramente cuando estamos enfadados y hacemos enfadar a una persona: esa persona luego se va a enfadar con otras y éstas con otras, produciéndose un efecto dominó. Al cabo del día muchas personas estarán enfadadas por nuestra causa: nosotros seremos causa de que muchas personas discutan y se enfaden a su vez. Es como un tsunami que se va haciendo gigante, que puede dar la vuelta al mundo como el viento.

Por eso es tan importante la forma de dirigir nuestra vida, la motivación y el propósito de nuestra vida, ya que si somos egoístas o altruistas, influirá en la vida de los demás, de una manera o de otra.

Hay una reflexión que hizo mi vida de más utilidad para los demás; me la enseñó en un curso lama Zopa Rimpoche, el primer maestro que tuve, yo le he añadido algo. Se realiza al levantarse por la mañana, sentado en la cama recitando lo siguiente: *"Hoy sigo vivo, tengo una nueva oportunidad para hacer felices a los demás, tengo la responsabilidad de que todas las acciones que realice vayan encaminadas a beneficiar a los demás, en casa, en el trabajo, al conducir. Voy a evitar enfadarme y hacer daño a los demás, voy a ser útil a los demás, voy a sonreír todo el día. Voy a generar una ola gigante de alegría y felicidad en esta sociedad. No voy a juzgar a nadie, voy a ser como el sol en primavera, como una brisa en verano".*

En cualquier profesión o trabajo se puede desarrollar nuestro ideal de vida o nuestro propósito, porque realmente todos los hombres tienen en su ideal común: "El servicio y la sanación", son características del ser humano; forma parte de nuestro espíritu, de la naturaleza de nuestra mente. Siempre estamos dispuestos a aconsejar a alguien o a recomendarles alguna terapia o tratamiento.

En genérico todo el mundo tiene como ideal el servicio, del tipo que sea. El funcionario, el cocinero, el panadero o los dependientes pueden ejercer el ideal del servicio y lo que sucede es que no se lleva a cabo, porque se desconoce cómo hacerlo. Y lo vamos dejando, abandonando, renunciando...Y cuando se llega a los 50 años, de repente preguntas, bueno ¿usted no tiene ninguna ilusión, ningún hobby, ni ninguna otra cosa más que esto que está haciendo, que ya sabe que no le gusta? Y dice: sí, pero claro yo no lo he podido realizar porque la vida me ha llevado… no me ha quedado más remedio que meterme en una oficina, de comercial, de director de banco… o donde sea.

Por tanto, estés en el oficio en el que estés, los ideales siempre se pueden desarrollar. Por ejemplo, los funcionarios que estamos de cara al público, detrás de un mostrador, y nos preguntan dónde realizar un trámite o dónde está otro departamento, podemos contestar con desgana o incluso malhumorados, ¡al final del pasillo a la derecha! sin levantar siquiera la cabeza. Si le miráramos a la cara, veríamos que es una persona muy mayor o está ciega y entonces podríamos explicarle con toda nuestra atención o, mejor aún, saliendo del mostrador y acompañándole, sin importar si hay algunas personas esperando.

Un minuto no supone nada y para esa persona es una gran ayuda; los demás ya están en el sitio adecuado. Les podemos decir: no se preocupen, todos serán atendidos, mostrando una amplia sonrisa porque os sentís verdaderamente útiles. Al mismo tiempo estamos dando un ejemplo a los demás y si alguien se enfada, no importa, le miramos a los ojos y le decimos con una sonrisa: enseguida le atiendo.

Por mi experiencia, afirmo que cuando se actúa con respeto y cariño, uno se va a casa más satisfecho y feliz.

Un día en el Centro de Salud donde trabajo, habían puesto un letrero en la puerta de los baños "No utilizarlos por obras". En el momento que me dirigía al aseo del personal, veo salir a una anciana de él. Le solté, "¿pero no ve lo que pone el letrero?". La señora me contesto, "es que soy analfabeta". Le pedí disculpas y le expliqué lo que ponía el cartel. Fue una gran lección para mí.

VALORAR LA PRECIOSA VIDA QUE TENEMOS

"Si uno es perfectamente consciente del valor de la existencia humana y la despilfarra a sabiendas en la distracción y la persecución de ambiciones vulgares, es el colmo de la confusión".

L.Yeshe.

Buda decía repetidamente *"quien no observa el cuerpo con atención no ha visto el camino de la inmortalidad".*

Como bien dice Ayya Khema no podemos decir este es mi cuerpo, porque no hace lo que nosotros queremos. ¿Por qué no se mantiene siempre joven, hermoso y sano? o ¿por qué no me obedece? ¿por qué muere?. Nos convertimos en su esclavo, cuando tiene hambre se le da de comer, cuando tiene sueño, a dormir... En esta cultura, como ocurrió ya en otras (Grecia, Roma) se rinde culto al cuerpo, tratando de buscar la felicidad en la satisfacción de sus deseos, que son totalmente efímeros y siempre terminan aburriéndonos por la repetición de nuestras acciones.

Por ejemplo, una caricia en un brazo puede ser agradable al principio, pero al cabo de un rato de hacer la misma caricia, se vuelve desagradable; y si persistimos, se produce un eritema que nos duele. Entonces surge la pregunta clave: ¿Dónde está la satisfacción que permanece?. Como ya expliqué en el tema de la felicidad, la felicidad que permanece es la que consiste en hacer felices a los demás.

Tenemos un gran potencial; nuestra única limitación es la imaginación y la falta de fe en nosotros, en definitiva, nuestra *baja autoestima*. Damos rienda suelta a la mente del desánimo, al pensamiento perezoso que siempre está buscando alguna excusa para no hacer nada, para no modificar nada porque le da miedo cualquier cambio o está demasiado acostumbrado a sufrir.

Renunciar y aceptar

Para estar satisfechos con nosotros mismos debemos conjugar el verbo *aceptar*: aceptar las circunstancias que tenemos que vivir y el cuerpo que tenemos porque tarde o temprano tendremos que dejarlo: todo es impermanente. Esto no quiere decir que uno tenga que estar sin hacer nada, que es algo en lo que se suele caer con frecuencia. ¡No! *Uno debe de asumir el papel de héroe* y tomar la responsabilidad de salir de la situación en la que se encuentre, y si no se puede, tener la mayor calidad de vida posible.

Algunos ejemplos que suelo utilizar en los talleres; uno es el famoso científico, Stephen Hawking, el que ideó la teoría del Big Bang; el otro es el tetrapléjico del norte de España que persistió en su derecho a la eutanasia hasta que lo consiguió, y ha sido incluso motivo de una película, "Mar adentro". Son dos posturas diferentes: una saca todo el partido de su vivencia como tetrapléjico, idea una teoría científica, el "Big Bang", tiene una relación con su secretaria y luego se casa con ella. Y la otra es la del español que se suicida. Una postura ante la vida es de *aceptación y creación* y la otra es de *no aceptación y rendición*. ¿Cuál de los dos fué más feliz?, ¿Cuál de los dos saca más partido de la vida? No juzgo ninguna de las dos posturas, que cada cual piense la respuesta con la que se encontraría más feliz.

Hay otros dos ejemplos en internet, uno es de una chica Jessica Cox, que nació sin brazos, conduce coches y pilota una avioneta: todo lo hace con sus pies. Y también está Nick Vujicic que carece de brazos y piernas, se dedica a dar charlas por el mundo y puede incluso nadar. Los dos son dos ejemplos de *aceptar la existencia que tienen*; a ambos se les ve felices porque han dejado de pensar en sus problemas y se ocupan de dar ánimos y ejemplo a los demás.

Muchas personas pasan por la vida sin saber cual es su propósito en ella, pero sí es común a todos los seres el deseo de ser felices. Permitidme que os pregunte ¿Cuál es vuestro propósito? ¿Qué es lo que hace verdaderamente significativa vuestra vida?. Son preguntas que cada uno debe hacerse, y estad seguros de que la respuesta llegará, porque como dice el XII Tai Situpa (Despertar nuestro Buda dormido):

"Cada pregunta tiene su respuesta. La pregunta en sí misma implica que existe la respuesta, si no fuera así, la pregunta no podría formularse".

Debemos buscar las respuestas a algunas preguntas:

¿Cómo sacar el mayor partido a esta preciosa vida?, ¿Cómo hacer que sea de máximo beneficio, no sólo para nosotros sino para todos los seres vivos? ¿Cómo hacer que nuestra vida sea provechosa para ellos?, y principalmente ¿Cuál es nuestro ideal de vida? Son cuestiones que debemos plantearnos, obtener las respuestas para no andar sin rumbo, para tener claras las ideas y hacia donde nos dirigimos.

Toda pregunta tiene su respuesta, no quiere decir que cada uno tiene una respuesta. En mi vida, en algunas ocasiones he pasado años buscando la respuesta y siempre ha llegado. En diferentes formas, en un libro, en un sueño, en una charla, de una persona humilde y sencilla.

Por ejemplo, a la pregunta de si la tierra es redonda, solo hay una respuesta, es redonda.

SANAR LA RELACION FAMILIAR

Este es un tema muy importante en este planeta e imprescindible para ser felices, ya que muchos de nosotros tiene o ha tenido problemas de relación con sus padres, sobre todo la época de rebeldía juvenil, lo que supone tener una agitación mental, una preocupación, una *hipersensibilidad* a todo lo que tenga que ver con dicha relación paterno filial. Esto quiere decir que cada vez que en nuestra vida alguien actúe o realice algo como lo hicieron nuestros padres o simplemente haga un comentario similar, va a suponer un conflicto para nosotros y va a desencadenarnos una emoción destructiva como el enfado, tristeza, miedo o violencia. Seremos hipersensibles a ciertos actos o palabras y puede ser la causa de que alguien nos caiga mal sin apenas conocerle, le rechacemos y nos sintamos alejados de esa persona.

Es algo semejante a quien es alérgico a la picadura de algún insecto o algún producto, a los ácaros o algún alimento: el simple contacto produce la reacción alérgica y es preciso tratarla con corticoides para evitar que se desencadene un asma o una urticaria. Eso mismo tenemos que realizar nosotros, es decir, realizar un tratamiento preventivo, como una vacuna que nos libere de la reacción. *Debemos hacernos inmunes a cualquier conflicto que hayamos tenido con nuestros padres*, pero por convencimiento y razonamiento analítico, no porque sí.

Para sanar la relación con nuestros padres lo primero que tenemos que hacer es ver la situación con más amplitud,

132

trascendiendo el simple conflicto, la equivocación que hayan cometido o el daño concreto que nos hayan realizado. No debemos quedarnos con la experiencia parcial y subjetiva del: "es que nunca apreciaba lo que yo hacía", "le prestaba más atención a mi hermano que a mí", "sufrí abusos"... etc.

Para ampliar la visión tenemos que ser conscientes y valorar que, gracias a nuestros padres, tenemos este perfecto nacimiento humano, tenemos la oportunidad de cesar el sufrimiento y de alcanzar estados más elevados de conciencia. Dar gracias a nuestra madre porque mientras estuvimos dentro de ella, nos proporcionó seguridad, alimento y calor, incluso aunque no fuéramos deseados. Nuestro padre puso su ADN, trabajó para que no le faltara nada a nuestra madre, siempre preocupado porque tuviéramos todas las necesidades cubiertas. Debe apreciarse todo lo positivo que nos han dado nuestros padres.

Incluso en el caso de alguien que fuera abandonado, siempre hay seres que se ocuparon de él, que le vistieron, alimentaron o educaron.

Realmente debemos de preguntarnos. No fueron a ninguna escuela a aprender, no asistieron a clases en ninguna Universidad que les enseñara cómo educarnos, cómo alimentarnos, cómo tenían que hablarnos. Muchas de sus preocupaciones fueron conseguir comida, casa, ropa y trabajo.

Tengo que compartir que, cuando yo realicé esta meditación, fui aprendiendo a comprender a mis padres, pues tenía algunas ideas equivocadas respecto a ellos y me liberé del rencor que sentía hacia ciertos comportamientos que habían tenido conmigo. Comprendí que no son perfectos y se pueden equivocar, sobre todo porque no tuvieron ninguna formación.

Pero también me di cuenta de que mi ego solo quería jugar en la calle con los amigos a todas horas, me peleaba con mis hermanos etc.

Y yo me pregunto ¿quién nos va a enseñar o nos ha enseñado a nosotros a ser padres?.

No existían ni existen escuelas ni universidades para enseñar esta materia; no se prepara a los padres; cualquiera puede ser padre o madre: un sádico, un esquizofrénico, una maltratadora o un desaprensivo.

Es curioso observar la importancia que se le da a prepararse, estudiar, hacer cursos, tener títulos, másteres. Pero ser padres es algo que se va improvisando, todo se deja al azar como si no tuviera importancia. Eso sí, cuando alguien desea adoptar a un niño tiene que sufrir un tercer grado de interrogatorio y de investigación que en muchas ocasiones supone una injerencia en la privacidad de una pareja.

Vuelvo a recurrir a dos palabras *comprensión = amor*

Permitidme que os cuente una historia que aclara esta afirmación:

"Una noche una niña no paraba de llorar, su madre había trabajado mucho, estaba agotada, se levantó y empezó a reñirle, y le dió unos azotes para que se durmiera porque pensaba que estaba siendo egoísta y no le dejaba descansar. Su hermana mayor se levantó y, al tocarle la frente, notó que estaba muy caliente. Fue donde estaba su madre y le dijo: la niña tiene fiebre. Rápidamente la madre se levantó y la cogió en sus brazos con todo su amor; le cantó una canción, la niña se durmió y la fiebre desapareció". Thich Nhat Hanh (Camino viejo nubes blancas)

Cuando la madre *comprendió* lo que le sucedía a su hija cambió el sentimiento de enfado por el de amor. Esto mismo se puede extrapolar a cualquier persona y situación, incluso con un asesino, ya que cuando comprendemos las circunstancias que le llevaron a realizar el asesinato, es más fácil amar; eso no quiere decir que no tenga que pagar su deuda con la sociedad y la familia, pero entiendo que es mucho más sano para mi mente y mi vida comprenderle que odiarle. El odio me lleva a sufrir y a generar una enfermedad, mientras que la comprensión y el amor me lleva a liberarme y a ser feliz.

Voy a contaros dos casos reales con diferentes respuestas para que tengáis una visión más amplia de lo que estoy argumentando.

Existen dos madres que sufren la pérdida de una hija violentamente. Una madre reacciona con rencor y su único objetivo en la vida es perseguir al asesino de su hija: se pasa 11 años persiguiéndole, se separa de su marido, se aleja de sus hijos, y, por su obsesión, le llega a dar dinero al asesino de su hija para que confiese. La otra madre, perdona al violador y asesino de su hija inmediatamente. No le guarda ningún rencor. Es libre y continúa su vida con el dolor de esa gran pérdida.

¿Cuál de las dos gestiona mejor su emoción? ¿Cuál de las dos será más feliz y en menos tiempo?. Cada uno de nosotros es libre de decidir cómo resuelve los avatares que se presentan en la vida. Con aceptación, comprensión y sabiduría o con rencor, ofuscación y oscuridad. Una te llevará a ser feliz y la otra a ser infeliz.

CAPITULO 7

COHERENCIA EN EL CORAZÓN Y EN LA VIDA

Pensando, sintiendo y actuando en la misma dirección

Es sorprendente observar cómo el engaño empieza con uno mismo; el primero al que engañamos es a nosotros mismos. Pensamos una cosa, sentimos lo mismo, pero actuamos de una manera distinta a como pensamos y sentimos. Por ejemplo: pensamos que no nos gusta estudiar derecho, sentimos que no debemos estudiarlo, pero lo estudiamos presionados por los padres. Otras veces pensamos que no debemos casarnos con nuestra pareja, sentimos que no la amamos, pero nos casamos con ella.

Esta actitud de insinceridad con uno mismo resulta muy dañina, y si se mantiene en el tiempo produce la autodestrucción del organismo: provoca las típicas enfermedades auto-agresivas tan extendidas hoy día. Y ocurre porque existe una lucha interior entre lo que pensamos y sentimos, con lo que hacemos. Esto causa insatisfacción, enfado, tensión, irritación y depresiones dependiendo de cada uno. Nuestro organismo no sabe como gestionar ese caos de órdenes que llegan a nuestra mente: unas veces pensamos una cosa y otras lo contrario y actuamos de diferente manera a como sentimos y pensamos.

Dime cómo piensas, sientes y actúas y te diré de qué

puedes enfermar y cómo te va a ir en la vida.

Si quieres conocer quien fuiste en el pasado, observa como eres ahora y si quieres saber como vas a ser en el futuro observa como actúas ahora.

Rescatar la Sinceridad

La sinceridad es una de las virtudes imprescindibles para ser felices; nadie puede ser feliz si miente. Sin ejercitar la sinceridad la vida se hace muy complicada y estresante; uno tiene que estar en continua alerta para que no le descubran el engaño. Es necesario tener una buena memoria, para recordar lo que uno ha dicho y no contradecirse, pillándonos entonces en la mentira.

La sinceridad se puede rescatar y ejercitar ya desde la mañana, cuando nos preguntan ¿cómo estás? se debe responder "regular" o "mal estoy mal" no he dormido nada, me duele la cabeza, estoy resfriado, si es así como te sientes. Pero no, habitualmente uno contesta *bien*. Y lo más gracioso es que cuando uno es sincero y dice que está mal no te quieren escuchar, porque bastante tienen ellos con lo suyo para que tú les cuentes tus problemas. Él te ha preguntado para oír que estás bien, pero no importa: debemos ser sinceros.

Hay que tener cuidado con lo que decimos, por ejemplo si tu me invitas a tu casa y me dices "oye que sepas que estás es tu casa". ¡Ah! muy bien, a los dos o tres días me presento en tu casa a descansar... ¡hola buenos días!... y tú que salías de la ducha, estás en pantuflas y calzones. Es que vengo a mi casa. ¿Cómo?, pero si son las 7 de la mañana. Sí pero he salido de fiesta, estaba cerca y como es mi casa vengo cuando quiero ¿no?. ¿No dijiste que era mi casa?.

Ojo con decir las cosas por decirlas si no estamos dispuestos a cumplirlas.

Igualmente cuando te dicen "si necesitas algo aquí estoy" y luego pides ayuda y todo son excusas: se hacen los despistados e incluso ni te contestan al teléfono o no te abren la puerta. Pero si tú me habías dicho que estabas a mi disposición para lo que necesitara... sólo necesitas llamarme por teléfono.

También te pueden decir, la semana que viene quedamos para hacer una paella y pasan los años y la paella jamás se hizo. Asimismo se suele decir mañana te llamaré y jamás te llaman.

Rescatamos la sinceridad con la alerta en lo que decimos: no hablar por hablar, porque podemos enfadar a las personas al no cumplir lo que decimos, porque no es cierto.

Otra forma de rescatar la sinceridad consistiría en *saber el sentir de tu corazón*, porque a veces no sabemos lo que sentimos, no sabes si amas o estás enamorado, si solo quieres pasar el rato, si quieres subir o bajar, hacer esto o lo otro. Estás con una persona muy bien, te entiendes estupendamente pero te da miedo el compromiso. Si le amas desearás que sea feliz ¿no?. Entonces, si a esa persona le hace feliz vivir contigo, ¿dónde está el problema?. Sólo en tu mente, nada más, y estás siendo incoherente o poco razonable ¿Por qué no fluyes? Sigues rodando, te dejas llevar por la coherencia; es fascinante lo bien que te sientes cuando haces lo que es lógico. Todo lo contrario sucede cuando uno piensa y siente algo por una persona y hace lo contrario a lo que piensa y siente. Si te sientes mal, tienes dudas y estás inquieto en tu interior es que algo no has hecho bien.

Es tan sencillo y lo complicamos tanto... Si amas pues ama, no dudes, ¿qué puede suceder? ¿que la otra persona no te ame? Seguro que encuentras personas que buscan lo mismo que tú.

Tenemos que tener una actitud de *respeto y sinceridad* en las relaciones, no teniendo relaciones de adulterio o engaño con la pareja, porque esto va a traer más problemas. Es incorrecto porque no solo se hace daño a la pareja, tambien se hace daño a la otra persona.

Antes de mentir siempre es preferible callar, no decir nada. Sobre todo es muy importante que libremente tomemos el compromiso de no mentir. Para dar un poco de sentido común a nuestras vidas.

Conocí a un estudiante al que su padre persuadió para estudiar derecho, terminó la carrera y luego le dijo, papá he terminado la carrera por no contrariarte pero ahora voy a dedicarme a otra cosa. Hoy día se dedica a la creatividad: es un importante publicista de anuncios televisivos. Por supuesto que tener la Carrera de Derecho le ayudó a entrar en la empresa...

Existe el caso de un señor al cual operaron de cáncer de pulmón; le abren y ven que no pueden hacer ya nada porque está muy extendido. Vuelven a cerrar y le dicen cuando se despierta que le quedan 6 meses de vida como mucho. El hombre, apesadumbrado, acude a la consulta del médico acupuntor que me contó esto, y éste le preguntó ¿qué es lo que más te gustaría hacer en la vida?. El hombre lo pensó un instante y dijo, viajar por el mundo. El médico le contestó, ¿por qué no lo haces?. El buen hombre se fue a su casa haciendo planes y le dijo a su familia, me voy a viajar por el mundo. Pasaron dos meses y el hombre veía que no se encontraba peor; tres, cinco...Y a los seis meses volvió para ver por qué no se encontraba mal, sino todo lo contrario: cada vez estaba mejor. Acude de nuevo a la consulta y el médico al verle, le pregunta "bueno ¿que tal te encuentras?". Muy bien, me encuentro estupendamente, bueno pues a seguir haciendo lo que tan bien te va. Resumiendo, rehipotecó su casa y siguió viajando. Al cabo de otros seis meses regresó al hospital donde le habían operado a realizarse nuevas pruebas y averiguar cómo estaba el cáncer que le habían visto al operar.

El cirujano que le operó, tenía los ojos como platos, no podía creer los resultados de las pruebas que veían sus ojos, el cáncer había desaparecido.

Con esto no quiero decir que todas las personas que tengan un cáncer les vaya a pasar lo mismo, pero lo que está claro es que, si no estás realizando lo que te gusta, si tienes un trabajo que te hace sufrir, te enfermaras, y debes cambiarlo lo antes posible. Del mismo modo debes actuar si estás con una persona que te maltrata, física o psicológicamente.

Principalmente, hay que ser coherentes en la vida, pensando, sintiendo y actuando en una sola dirección.

Confirmaciones científicas que corroboran la importancia de la sinceridad y la coherencia.

El Dr. Bruce Lipton es un biólogo celular, investigador en la Escuela de Medicina de la Universidad de Stanford y autor del libro The biology of belief (2005). La Epigénetica es la ciencia que comprende que nuestro ADN fabrica las proteínas necesarias en función del medio que le rodea. Él descubre que la inteligencia y el cerebro de las células está en su membrana y le llama "la membrana mágica". Las células, no solo se comunican con el exterior sino que se comunican entre ellas. Y curiosamente esa membrana tiene unos receptores que captan ondas electromagnéticas y vibraciones.

Así que Lipton pensó "si yo pienso mis células captarán mis pensamientos y actuarán en consecuencia".

En estrecha relación con esto, está el Dr. Frits Albert Pop, físico alemán, nos demuestra que las personas que están sanas tienen una coherencia en todas sus células y lo comprueba midiendo la coherencia lumínica de los fotones. Así las personas que tienen cáncer tienen una desorganización, o sea una total falta de coherencia lumínica en sus cuerpos.

La información del cerebro o de la mente llega a las células mediante fotones. "Nuestras palabras generan unos pensamientos, los pensamientos crean acciones y las acciones crean nuestro destino".

Hay un tejido en nuestro cuerpo que es el más importante por ser el más extenso. Es el tejido conjuntivo o conectivo: lo ensambla todo. Se comporta como un cristal líquido, como un chip. Por tanto este tejido tiene por misión que cualquier pensamiento o cualquier situación que suceda en mi cuerpo, afecte al organismo entero.

Después de esta información, qué importante resulta lo que pensemos, sintamos y sobre todo, lo que expresemos y realicemos, para estar sanos y ser felices.

Coincidiendo con estas dos explicaciones de cómo lo que pensamos afecta a nuestro organismo y a nuestra salud, desde hace muchos siglos existe un ideograma chino que nos da una visión gráfica y clara para ser coherentes. Es el *ideograma* del rey Guan, que los chinos contemplan para comprender las causas de la enfermedad. Ellos manifestaron que el proceso de *pensar* en hacer algo, *sentir* que debemos hacerlo, y *actuar* de manera distinta a como se piensa y se siente, nos va a llevar a enfermar si se prolonga en el tiempo la incoherencia.

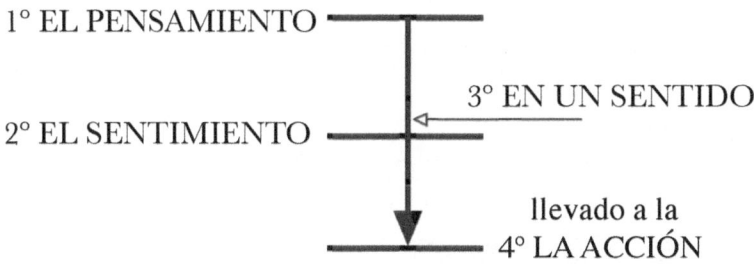

1° EL PENSAMIENTO

3° EN UN SENTIDO

2° EL SENTIMIENTO

llevado a la
4° LA ACCIÓN

Pensamiento y sentimiento deben ir en un solo sentido y llevado a la acción

Un ejemplo: tenemos un trabajo que no nos gusta hacer, sentimos que no estamos felices realizándolo, pero seguimos en ese trabajo durante años. Coherentemente acabaremos enfermando. La solución es cambiar de trabajo lo antes posible. Otro ejemplo: tenemos una pareja o unos amigos que no nos gustan, sentimos que no disfrutamos con su compañía, pero seguimos con la relación. Esta relación mantenida en el tiempo nos lleva a enfermar probablemente.

Cuando pensamos realizar algo, sentimos que debemos de hacerlo y lo llevamos a la acción en ese mismo sentido, obtendremos *equilibrio, firmeza y personalidad*, porque es la base para no enfermar: tener una mente pacífica y con *s*entido común. Por supuesto que, si pensamos y sentimos en hacer daño a los demás, eso nos va a llevar a sufrir más; justo desde el mismo momento en que pensamos hacer daño ya hay en nuestra mente sufrimiento.

Estas tres informaciones que nos dan Lipton, Pop y el Rey Guan nos están mostrando que hay que ser coherentes y tener sentido común o, como se dice por mi tierra, Valencia, hay que tener "coneiximent" (conocimiento) para ser felices; de lo contrario simplemente sufriremos.

143

CAPITULO 8

LOS CUATRO PENSAMIENTOS INCONMENSURABLES

Se llaman así, *inconmensurables*, porque desarrollan la ecuanimidad el amor, la compasión y el regocijo (alegrarse) hacia un número infinito de seres sintientes, y porque se acumula una cantidad inconmensurable de energía positiva, de satisfacción o gozo. Solo hay que comprobarlo.

Vamos a utilizar un método budista que es universal (lo puede aplicar cualquier persona de cualquier religión o creencia), y nos adiestra en ser bondadosos y amables. Mi experiencia me ha demostrado que este método es efectivo para desarrollar el buen corazón.

Para que los cuatro pensamientos inconmensurables realmente incluyan a todos los seres, es muy importante empezar poco a poco, primero con las personas que tenemos cerca, para luego hacerlo extensivo a todos los seres de este planeta y de los universos.

No pongamos límites al corazón: dejemos que cada día se expanda abarcando todo el universo, deseando que todos los seres sean felices.

Los cuatro pensamientos inconmensurables se pueden encontrar en otro orden, pero éste es el que coincide con el de algunos maestros y yo considero más práctico.

145

I. LA ECUANIMIDAD INCONMENSURABLE

"Qué maravilloso sería que todos los seres se liberaran del apego y el odio por lo que se sienten cercanos a unos y lejanos de otros".

Este pensamiento lo pongo en primer lugar porque creo que es más difícil de desarrollar que los otros tres pensamientos; porque si no vemos a los demás seres con igualdad, nos sentiremos cercanos a unos, y lejos o indiferentes a otros.

Para algunos maestros y para mí mismo, es la base de los dos siguientes; en él, expresamos la necesidad de desarrollar ese estado de ecuanimidad que deberíamos tener para ser felices. Aquí de nuevo voy a escribir del apego y el enfado desde el punto de vista de la ecuanimidad (ver a todos sin discriminar). Por ello es necesario que seamos conscientes de que no tener ecuanimidad es debido a las tres formas de ver los objetos, y a los demás.

Con Apego
Con Enfado
Con Indiferencia

Esto nos hará sentir: cercanos, lejanos o indiferentes a los demás, discriminándoles según los percibamos.

Como dice Enric Corbera psicólogo especialista en *bio-neuro-emoción*, cuando alguien no nos cae nada bien, le vemos varios defectos, manifestando un gran rechazo y enfado hacia esa persona, nos deberíamos de preguntar ¿cómo somos nosotros?.

Se ve en uno de sus videos a una mujer catalana que no

puede ver al entrenador Mouriño que era del Madrid, que ella lo ve prepotente y orgulloso etc. Y Enric le pregunta y ¿cómo eres tú?. Ella le responde riéndose, que igual. Enric le dice que a él no le afecta para nada ese señor. Y a mi me sucede igual, no me altera lo más mínimo. Eso no quiere decir que no vea algunas peculiaridades de él...

Es decir, proyectamos en los demás nuestros propios defectos o aquello que no nos gusta de nosotros y lo vemos con una claridad impresionante en los demás. No podemos soportarlo, nos enfada de manera incontrolable. Si hacemos comentarios despectivos o dañinos hacia esa persona, entonces es seguro que estamos proyectando en la otra persona lo que no nos gusta de nosotros.

El Apego

Desde que existe el mundo existe la separación, el alejamiento, el abandono, la huida y la muerte, pero seguimos sin prepararnos para ello. Todos los días acontecen algunas, o todas estas vivencias. Y seguimos sin prepararnos para ello, a pesar del sufrimiento que nos causan. A veces ese trauma dura toda una vida y nos genera enfermedades.

Una de las maneras de superar el apego posesivo hacia los que amamos es reflexionar *repetidamente* acerca de la impermanencia, que todo cambia, nada es estable, cualquier día tenemos que separarnos de alguien querido y cercano. Cuanto más apegados estemos, más dolor y tensión sufriremos en la separación.

Estos días vi una foto en el periódico de un bebé de 19 semanas en la mano de su madre; le había fotografiado, era traslúcido y apenas había latido su corazón unos minutos.

A la madre le pareció tan hermoso e increíble que deseó compartirlo con el mundo en vez de negarse a verlo y entrar en una depresión. En un instante la vida y la muerte; una madre que ve a su hijo muerto y le ama, sólo eso. No hay nada de trágico en ello, lo hacemos trágico nosotros.

Otro ejemplo igual de real. Un amigo que tenía problemas con la mujer con la que estaba casado llega un día a casa antes de lo previsto y se encuentra con un amigo debajo de la cama. Él me cuenta que no le nacía la acción de pegarle o matarle; solo cogió el perro que tenía y se fue a la playa andando los dos kilómetros de camino que había, se sentó en la arena. Con las olas del mar se relajó y pensó cual sería la mejor decisión que tendría que tomar. Cuando llegó a su casa de madrugada con una gran paz en su corazón, sabía que se separaría de su mujer. Sin enfado. Realmente impresionante.

Desapegándose

Hay formas de pensar que nos pueden facilitar el desapegarse de una persona con la que estamos obsesionados: imaginarla haciendo su necesidades fisiológicas, y, si no funciona, puedes imaginar que le vas quitando la piel empezando por la cabeza y le ves los músculos, las venas y sangrando. A mí me ha funcionado.

Existe otra forma de análisis científico y deductivo que también funciona bien en muchas otras facetas, no sólo en el apego: consiste en buscar al *yo* que está sufriendo, ¿dónde está ese yo?, te pones a buscarlo desde la cabeza a los pies, porque si existe un Juan o María o X, deberíamos de encontrarlo. Quizás no esté dentro de nosotros y esté en una esquina o mejor fuera de la habitación. Os aseguro que es como mandar una bomba atómica al *"yo"* de nuestro corazón, a ese Ego que cuando no tiene lo que quiere se pone a llorar o a matar. Es así de dictador, "o mío o de nadie". Nos domina y nos esclaviza: perdemos la libertad y la dignidad.

Existe también, por ejemplo, el apego al tabaco. Cuando tenía unos 18 años, analicé el hecho de fumar o no fumar, el tabaco tenía un sabor amargo, me hacía escupir como un bronquítico, se manchan los dedos de amarillo de la nicotina y, lo más importante, me perjudica la salud. Así que decidí no fumar y jamás he fumado desde entonces. Esto es ser coherentes con lo que se piensa y siente, nada más. Si hubiera recogido todos los cigarrillos que me ofrecieron, hubiera llenado una habitación grande.

Uno desarrolla la ecuanimidad en el apego cuando no discrimina en sentirse más cercano a unos que a otros.

Ante un objeto de deseo como puede ser la comida, una chic@ no deseas poseerl@. Puedes disfrutar de la compañía de la persona o del sabor del helado, sin pensar en seducir al chic@ o atiborrarse de helados. Es decir, estás liberado del apego al no sufrir si no lo puedes conseguir.

El Enfado

Para superar la ira y el deseo de hacer daño a los enemigos podremos reflexionar en las posibles causas y condiciones del daño que nos están haciendo. Cuestionarse si uno habrá realizado algo que justifique la reacción del otro, preguntarnos ¿será algún rasgo de mi carácter?, tal vez su mente esté dominada por algún engaño. Sobre todo, pensar que la persona que te hace daño también está sufriendo y esto le hará sufrir más en el futuro debido a la energía negativa que está generando.

Como ya he mencionado en el capitulo del enfado tenemos que pensar con quién nos enfadamos. Si alguien nos dispara, ¿con quién nos enfadamos?; ¿con la pistola o con quien empuña la pistola?. La respuesta es clara: con la persona que la empuña. Entonces, cuando alguien nos hace daño dominado por un engaño (envidia, celos, orgullo, enfado) que le domina, ¿con quién nos enfadamos, con la persona o con el engaño que le domina?.

La respuesta debería ser igual de clara, nos deberíamos de enfadar con el engaño que atrapa y domina a la persona, ¿no?. Pensando así podremos apaciguar nuestro engaño de enfado, el cual desea vengarse y devolver el daño.

Hay que tener en cuenta siempre en el enfado, que *no hay nada que lo justifique*, porque por mucho daño que recibamos, es mucho mayor el daño que nos vamos a infligir a nosotros mismos si nos vengamos devolviendo el daño. Ejemplo, si alguien mata a un ser querido, podemos enfadarnos y matarlo nosotros, lo que nos llevaría a la cárcel etc.. Lo contrario sería no enfadarse, no matarle, y vemos cómo va a la cárcel esa, deseándole que se arrepienta.

Muchos puede que no estén de acuerdo preguntándose que si reciben un daño, sería justo devolverlo. Mi respuesta por mi propia experiencia es ¡No!, es mucho mejor comprender por qué esa persona te ha dañado. Cuando comprendes que la persona que te daña está dominada por el engaño X, sólo te puedes enfadar con ese engaño y no con la persona que está secuestrada por el engaño (celos, orgullo, codicia etc.).

Uno desarrolla la Ecuanimidad en lo referente al enfado cuando deja de afectarle el que una persona sea orgullosa, envidiosa, egoísta etc... lo ves pero no te afecta (no piensas que es insoportable y te enfadas).

La Indiferencia

La indiferencia consiste en no tener en cuenta a los extraños. Y para diluir esa indiferencia, podemos pensar en la bondad de los demás, ya que gracias a ellos tenemos comida, ropa, servicios públicos. Sin los demás no podríamos desarrollar la ética, la generosidad, la paciencia y las demás cualidades positivas. Sin los demás la vida estaría vacía y carente de sentido. También debemos pensar que un extraño puede salvarnos de un peligro y convertirse entonces en nuestro amigo.

Este deseo *de que todos los seres se vean libres del apego y el odio (por lo que se sienten cercanos a unos y distantes de otros) que se liberen de sus enfrentamientos,* debemos de expresarlo a diario, mientras vamos en el autobús, en el metro o conduciendo, en el trabajo, o en nuestro lugar de meditación.

Tenemos que darnos cuenta de la amabilidad de los demás, de su importancia. Debemos de estar agradecidos a todos los seres que están a nuestro alrededor, empezando por nuestros padres y continuando con los profesores, amigos, el panadero, el taxista, las enfermeras o los médicos. Si tenemos ropa y alimentos es gracias a muchos seres .

Me resulta triste ver a esas personas llenas de orgullo que dicen: "todo lo que tengo me lo he ganado yo", "no he necesitado de nadie", "he surgido de la nada", "no le debo nada a nadie". Yo les preguntaría, si los demás no hubieran apoyado sus proyectos ¿Cómo lo hubieran conseguido solos?, ¿quién les hubiera comprado sus productos?. ¿Con quién hubieran realizado sus negocios?. Sin los demás hubiera sido imposible.

Creemos que si nos gusta un objeto se debe a las cualidades del objeto o porque el objeto es tal como lo vemos. Pero nada más lejos de la realidad, ya que si el objeto fuera hermoso como nosotros lo vemos, todos los demás lo verían igual, pero eso no es así. Por ejemplo, una piedra a algunas personas les resultará atractiva, a otras les producirá rechazo y a otras les resultará indiferente. El objeto es el mismo, no cambia de forma, pero cada uno lo ve y se relaciona con la piedra de formas diferentes. Esto se debe a la forma en que hemos aprendido y nos han enseñado a ver el objeto. Ya sea por la familiaridad, distancia o indiferencia que nos hemos relacionado con el objeto.

Si aprehendemos el objeto como malo, feo y bajo lo vemos como malo, feo y bajo; podemos ver que depende de la etiqueta que la mente adjudique al objeto. Por ejemplo un@ modelo, puede ser muy atractiv@, pero para muchas personas no lo será tanto, e incluso otras le verán defectos.

Por lo tanto, podemos deducir que si las etiquetas surgen de la mente, dependiendo de causas y condiciones, las etiquetas pueden modificarse. Sólo tenemos que analizar más profundamente a la persona que no nos cae bien y seguro que hay más cosas que nos agradan que las que no.

Otro ejemplo: cuando éramos pequeños no nos gustaba comer algún tipo de comida, que luego, de mayor, nos encanta. Lo mismo ocurre con los problemas: como dependen de causas y condiciones, podemos cambiar la forma de verlos y transformarlos en felicidad, algo que explicaré más adelante.

II. EL AMOR INCONMENSURABLE

"Qué maravilloso sería que todos los seres pudieran tener la felicidad y sus causas"

Este deseo es la clave principal para ser felices. Consiste en desarrollar precisamente el amor inconmensurable, el auténtico, el que no pide nada a cambio y desea que los que nos rodean sean felices.

Cómo desarrollar el amor inconmensurable

Mi experiencia me lleva a deciros que el amor se puede desarrollar, no es algo que a uno le den o le toque, como la lotería. Yo no amo ahora igual que cuando tenía 20 años; ahora soy menos egoísta, menos posesivo, menos exaltado y más tranquilo al controlar el deseo, algo que he ido aprendiendo y desarrollando de año en año. Aún tengo mucho por recorrer, pero estoy cada día más satisfecho.

Existen personas que ya nacen con esa faceta en su corazón, les sale espontáneo, como a Mozart le salía la música con toda facilidad y al pobre Salieri le costaba tanto. Pero la mayoría, como yo, tenemos que aprender a desarrollarlo, a generarlo en nuestro corazón.

Seamos conscientes de que todos los seres desean lo mismo que nosotros: todos deseamos felicidad y rechazamos el sufrimiento; nos incomoda e incluso nos enfadamos cuando estamos enfermos o convalecientes.

Uno debe pensar que al igual que yo deseo ser feliz, todos los seres también lo desean y también sufren. Debemos aplicar estos pensamientos cuando alguien nos caiga mal o no le soportemos, o le tengamos miedo....

Todos tenemos la naturaleza del Buda, de Cristo, el potencial para ser libres; incluso los que realizan acciones dañinas llegará un día en que también alcanzarán la liberación de todo sufrimiento.

El *amor* también es el *deseo* de que todos tengan las causas y las condiciones para ser felices, que todo les sea favorable, como tener cubiertas las necesidades básicas, y que desarrollen actitudes amistosas, sanas y positivas, porque si no se vive respetando a los demás y , al contrario, se actúa haciéndoles daño, se termina dañándose y sufriendo uno mismo.

Un amor sin renta

El amor a desarrollar debe ser puro y libre de egoísmo, sin esperar nada a cambio. El amor incuestionable es similar al de una madre por su hijo.

No se trata de amar mientras nos aman y dejar de amar cuando ya no nos aman o cuando no hacen lo que nosotros queremos. No debe de haber expectativas ni exigencias. No debemos dejar que entre en la mente el pensamiento de desánimo anunciando que eso es imposible; tenemos que decirnos una y otra vez que actuamos sin expectativas. Debemos estar alerta a cualquier enfado y analizar si realmente no hay un engaño o una exigencia detrás. Se suele decir *"es que no me quieres porque no me llamaste al levantarte"*.

Esto último me recuerda el titulo de una obra de teatro de gran éxito en España: *"Cariño te quiero mucho, ya te cambiaré"*. Imagínense, una persona se une a otra sin gustarle como es, y con la intención de cambiarla para que sea y actúe como más le interesa. Lógicamente los problemas y las discusiones no tardan en aparecer y la duración de la relación tiene el tiempo limitado, porque lo que se busca es un arlequín que se mueva y hable como nosotros deseamos.

No podemos obligar a nadie a que nos quiera o nos ame: es un pensamiento o acto de posesión cuyo único futuro es el fracaso, porque es imposible obligar a nadie a amarnos, ya que no podemos meternos en su mente y exigirle que nos dé amor.

En muchas ocasiones ponemos límites al mor, amando sólo a los de nuestra raza, clase, color de piel o país. Eso es *limitarnos*, porque queremos a los que son como nosotros pero no a los demás: soy amigo de los que son de mi región pero me son indiferentes u odio a los de otras regiones. Si negamos nuestro amor a un solo ser, el amor no se desarrolla del todo, no es un amor inconmensurable. El amor estará limitado al número de seres que incluyamos.

También existen personas cuya única preocupación e interés es su familia y los suyos: su amor e interés sólo abarca a unos pocos. Se limita la capacidad de amar, y a la mente, que no tiene límites, le ponemos cercas de espinos, aislándonos en un micro universo de unas pocas personas.

"Aprender a amar es descubrir una fuente inagotable de energía, no importa cuánto amor demos siempre brota más, es como un abono, como un elixir, como el maná que nos llena el cuerpo de endorfinas de felicidad".

155

III. LA COMPASIÓN INCONMENSURABLE

"Qué maravilloso sería que todos los seres se liberaran del sufrimiento y de las causas que lo producen".

La compasión surge al *darnos cuenta de que los demás sufren*, y al ser conscientes de ello, uno genera el *deseo de liberarles*. Por eso las bases de nuestra compasión son nuestras propias experiencias de sufrimiento y *un deseo de ayudar*. Primero somos conscientes y lo identificamos en nosotros mismos: estar enfermo o dolorido, en soledad, o que hayan herido nuestros sentimientos con un comentario duro; sentir temor o miedo, haber perdido a un ser querido: es el tipo de sufrimiento que nosotros mismos hemos experimentado. Más tarde observamos a otras personas viviendo lo mismo: empatizamos con su sentimiento, surgiendo el deseo de beneficiarles. Aquí empieza la compasión.

Esta compasión, no es el sentir pena o lástima por otra persona y darle una limosna nada más, sino *el deseo o la acción de ayudarle*. O ambas.

Existe otra *compasión* denominada *idiota*, que consiste en una reacción exagerada al ver el sufrimiento: es una sobredimensión del hecho; lloramos sin parar, nos desmayamos, nos tiramos al suelo. Nuestro corazón puede estar tocado por la compasión, pero nuestras emociones está tan descontrolada, que es imposible hacer nada para ayudar. A veces podríamos hacer algo, pero al no tener una comprensión correcta del problema o de la persona que lo está viviendo, nuestra "ayuda" sólo empeora las cosas.

La compasión verdadera tiene un equilibrio entre el deseo de ayudar y la sabiduría que evalúa cómo ayudar; esto nos permite permanecer en calma y pensar con claridad cuál es la mejor forma de ayudar sin ser dominados por nuestras emociones.

Si un hijo sufre un accidente y sangra, necesitamos actuar rápidamente y con objetividad, con claridad para escoger bien qué debemos hacer, como presionar la herida para que no se desangre por ejemplo. O sea, tomar las decisiones adecuadas: su vida depende de ello, sin caer en temores, ansiedad o angustia.

Se necesita sabiduría cuando un amigo o alguien sufre mentalmente porque la novi@ le ha dejado: con atención le escuchamos, le acogemos, le podemos decir lo del cuento *"esto también pasará"*. Pero no estaría bien pensar que vamos a resolver el problema por él, enojándonos o deprimiéndonos juntos. En cambio tenemos que utilizar nuestra sabiduría y medios hábiles para que pueda arreglar sus problemas. Podríamos explicarle lo que nosotros estamos haciendo en nuestra vida; debemos estar relajados para encontrar las palabras adecuadas que le sirvan de ayuda pues de lo contrario lo único que uno hace es empeorar más el problema. Lo importante es escuchar con atención y no involucrarnos mentalmente en la escena para tener una visión más amplia de la situación. Evitaremos darle sermones o consejos no solicitados, y preguntarnos cual sería la mejor forma de ayudarle para que encuentre calma y serenidad.

Es más fácil sentir compasión hacia unos que hacia otros, por la idea limitada que tenemos de cómo sufren los seres. Por ejemplo, sentimos compasión natural al ver a un mendigo o a un minusválido, pero hacia un empresario afamado, multimillonario o una actriz importante lo que seguramente sentimos es envidia o enfado. Tenemos una visión sesgada de la realidad: sólo vemos las luces y el confeti y no somos conscientes de que esa persona también sufre, también tiene hambre, sed, calor, frío, y hace sus necesidades igual que nosotros. Además tiene que preocuparse por su dinero, posesiones y fama. Es posible que tenga problemas con su mujer o sus hijos etc., que tenga un estrés sobreañadido con una amante. ¿Sería inteligente que envidiásemos a esa persona? Al igual que nos pasa a nosotros, cualquier día puede enfermar, morir o lo que es peor, quedarse tetrapléjico, como al actor que interpretaba a Superman.

Si queremos envidiar a alguien, que sea a los grandes personajes de la historia como: Buda, Jesús, San Francisco, la madre Teresa de Calcuta, Vicente Ferrer, Gandhi etc.. Es bueno sentir el deseo de imitar las acciones de estos seres, porque lo que vamos a generar en nuestra mente son experiencias y sentimientos parecidos a las que ellos tuvieron, por mera empatía.

También debemos sentir compasión hacia animalitos como las cucarachas: no desear matarlas y en lugar de poner veneno, utilizar gasóleo, que las repele. Por ejemplo, a los perros no los matamos porque se meen en los coches o en las puertas de entrada a las casas: hay un método que consiste en poner una botella llena de agua o esparcir azufre en el suelo.

Las cucarachas me producían un sentimiento de rechazo, un día capturé una en un vaso de cristal con una tapa de cartón y la observé a pocos centímetros, traté de empatizar con ella y lo que surgió en mi mente fue que sentía miedo, tenía hambre y estaba ocupaba en poner huevos para tener crías, igual que la mayoría de los seres humanos.

También debemos sentir compasión hacia los que nos

hacen daño a nosotros o a los seres más cercanos. Hemos de ponernos en la situación de la otra persona, ver realmente cuál es el engaño que le hace enfadarse y le está haciendo actuar así. Cuando comprendes amas y perdoas.

Ser compasivos no significa que tengamos que ser pasivos o débiles y decir *Si* a todo lo que nos pidan. Si sentimos que algo que nos piden es irracional, que no lo podemos realizar, o si vemos que nos quieren utilizar con fines egoístas, está bien decir *No*. Y por supuesto si alguien nos hace daño o nos está pisando, está bien que le hablemos expresándole que nos está haciendo daño, y si es preciso, apartarle diciendo disculpe. Incluso dar media vuelta y tomar otro camino.

La raíz de la compasión consiste en ocuparnos por el bienestar de los demás y liberarles del sufrimiento

Nagaryuna en el texto: "Ornamento a las cinco guirnaldas" decía:

"Que sea capaz de considerarme como los cinco elementos, de tal manera que sea una fuente de alimentos para todos los seres".

IV. LA ALEGRÍA O GOZO INCONMENSURABLE

"Qué maravilloso sería que ningún ser nunca se separe de la felicidad y sus causas".

Consiste en *sentirse gozoso* del éxito de los demás, de sus cualidades y sus acciones positivas. Esto es fácil de realizar con los amigos y familiares que tienen éxito en su trabajo, y, sobre todo, con un hijo. Esta forma de pensar es el *regocijo* y *es el mejor antídoto a la envidia y los celos.*

El regocijarse es un sentimiento bello de participación de la alegría y el éxito de los demás, todo lo contrario que los programas de cotilleo de las televisiones, donde se fomenta la mente de la crítica acompañada de la envidia y el enfado, dañando a los seres de los que hablan.

Por otra parte, cuando surja la envidia o la competitividad, debemos por lo menos preguntarnos: ¿por qué esa persona tiene más, o es más inteligente?, ¿por qué unos nacen en continentes extremadamente pobres y nosotros gozamos de todas las comodidades? Es seguro que las respuestas vendrán cuando menos lo esperemos, si estamos alerta claro.

Apreciar las buenas cualidades y las acciones de los demás, es motivarnos a ser como ellos, pensando: "qué maravilloso sería si yo pudiese realizar lo que él o ella están haciendo". Esto hace que se siembren actitudes positivas en nuestra mente y nos liberemos de pensamientos dañinos, que nos hacen infelices. Por lo tanto, *alegrarnos de ver felices a los demás, es la causa para ganar virtud, cualidades y tener éxito en el futuro.*

Cuando empatizamos con alguien que es feliz, una pareja, un niño o cuando nos enteramos de que alguien ha realizado un acto de altruismo y generosidad, conectamos con su energía, su satisfacción, su alegría y todo nuestro cuerpo y mente recibe ese beneficio que suponen todas esas emociones positivas. Como se ve en los "mensajes del agua", va a afectar también nuestro ADN. Por eso hay que realizar el acto del alegrarse o del regocijo tantas veces como tengamos ocasión.

Estas meditaciones en los cuatro pensamientos nos proporcionará en el futuro el desarrollo de la empatía, es decir, seremos más sensibles a lo que sienten los demás. Esto fue demostrado en el *Laboratorio de Interacción humana de la Universidad de California en San Francisco* por Paul Ekman, Doctor en psicología y experto en las emociones faciales.

El reconocimiento de las expresiones faciales fugaces es un indicador claro de un grado poco común de empatía, brindándonos una ventana excepcional para acceder a la realidad emocional de una determinada persona.

Los estudios realizados con miles de personas han llevado a Ekman a concluir que, *quienes mejor ejercen el reconocimiento de estas expresiones sutiles de la emoción (empatizan mejor), están más abiertos a las nuevas experiencias, suelen mostrar un mayor interés y curiosidad por las cosas, son más meticulosos, fiables y eficaces.*

También se reconoce como resonancia límbica a la capacidad del cerebro de reconocer los estados emocionales de los demás por medio de las expresiones faciales, posturas corporales y musculares. Y en un estudio el resultado de este reconocimiento de las emociones en la cara, realizado con Öser y otro meditador avanzado occidental, fueron notablemente distintos a los obtenidos con las otras cinco mil personas. *Su puntuación era muy superior a la de los policías, abogados, psiquiatras, aduaneros, jueces y hasta agentes del servicio secreto* ("Emociones Destructivas" Daniel Goleman).

La autoestima

Es fácil ver que si no tenemos una autoestima alta, no vamos a poder amarnos y por supuesto, mucho menos, vamos a amar a otros.

La baja autoestima la relaciono con una falta de confianza en uno mismo; a veces la utiliza el Yo como un mecanismo de defensa para seguir en el estado de comodidad que siempre quiere conseguir y mantener. Es lo que llamamos pereza o mente del desánimo. Es ese "Yo" que siempre busca una excusa para no realizar alguna tarea que le incomoda o tiene que realizar con esfuerzo, sobre todo si es una tarea que trata de diluir al Yo a la nada.

Es importante que, sobre todo, tengamos una bondad amorosa con uno mismo, ser indulgentes, no juzgarnos duramente, ni ser muy exigentes, pues de la misma forma lo seremos con los demás. Debemos aceptarnos como somos: no somos buenos ni malos, simplemente *somos impermanentes*; cambiamos cada instante y al cabo de unos años hemos cambiado todas las células de nuestro cuerpo. Y lo más importante: *"lo que seamos en el futuro depende únicamente de nosotros, de lo que sembremos ahora"*.

Si tienes un error o sufres una experiencia desagradable, alégrate porque es una oportunidad para desarrollar una serie de cualidades. La primera es la paciencia, y además nos da la oportunidad de utilizar nuestra sabiduría para sacarle partido a la nueva situación.

Un día lo tenemos todo y al siguiente lo hemos perdido todo: es así de impermanente esta existencia. Es bueno reflexionar así todos los días, para que cuando venga un periodo de merma o de pérdida, surja inmediatamente la reflexión de impermanencia que hemos ido meditando antes, actuando como una vacuna contra la desesperación y la no aceptación de la experiencia. Es como una vacuna mental que se introduce en la mente a través del pensamiento, del razonamiento y de la lógica. Y decirnos la frase del cuento del rey que buscaba una frase que le ayudara en momentos difíciles: *"Esto también pasará"*. Pensando de esta forma, la autoestima seguirá firme y no decaerá.

Sé que algunas personas estarán pensando: *pero eso es muy depresivo, me pone triste*. Lo vemos así porque creemos que no hay solución. Eso no es lo que hacen los bomberos, los médicos o los policías; los bomberos no se ponen tristes al pensar que va a haber un incendio donde pueden morir personas, ni los policías se encierran en casa para no ver a seres asesinados. La profesión más frustrante es la de médico, porque tarde o temprano todos los clientes se mueren, pero no por ello su autoestima baja, sino todo lo contrario. Lo que hacen es prepararse para que cuando acontezca la enfermedad saber cómo deben actuar: tienen un método, un entrenamiento profesionalizado para resolver el problema o enfrentarse a él, aceptándolo y actuando como mejor saben.

Por ello, ver que la experiencia de vida está envuelta en el sufrimiento, que todo es impermanente, es la mejor forma de pensar, porque de esta forma buscaremos una solución, un antídoto o un camino para liberarnos de esa impermanencia que tanto nos hace sufrir, buscando una felicidad duradera, verdadera y auténtica que no tenga fin. Es entonces cuando uno se pregunta ¿cómo puedo liberarme del sufrimiento para siempre?.

Una de las innovaciones en el desarrollo del estudio de la mente y una forma de prevenir los sufrimientos mentales es entrenarnos en *desarrollar las cualidades y virtudes*, puesto que como he escrito, la mente es como el espacio, y en ese espacio es posible que crezcamos como seres de infinitas cualidades. Nada mejor para desarrollar la psicología positiva que entrenarnos en la raíz de la compasión, que no es otra que decir una y otra vez "que maravilloso sería que todos los seres se vieran libres del sufrimiento y sus causas", hasta que desaparezca la palabra sufrimiento. Al dejar de pensar en nosotros y nuestra situación, lo sustituimos por la cualidad de la compasión que va a proporcionar felicidad.

El concepto "baja autoestima" tuvieron que explicárselo al D. Lama la primera vez que lo escuchó, porque en el pueblo tibetano no existía la autoestima baja. Su filosofía es ocuparse de hacer felices a los que les rodean.

En Occidente esto nos sucede cada vez más, y yo lo he podido ver en los adolescentes a los que les doy talleres: algunos de ellos tienen una gran falta de confianza en ellos mismos y esa inseguridad les produce miedo, lo que se traduce en violencia. A más inseguridad y problemas en casa, más violencia e incomunicación.

Hay personas que no se creen merecedoras de lo que tiene que vivir, como me decía una vez una amiga de etnia gitana, "es que los gitanos somos pobres". Como si fuera un dictamen o sentencia que les cayera encima.

También hay mujeres que viven situaciones de maltrato y violencia, (algún hombre también), que se sienten culpables o son incapaces de salir de esa realidad porque dependen económicamente de sus parejas, etc.

El merecimiento no siempre es egolatría, sino dignidad. Cuando damos lo mejor de nosotros mismos a otra persona, cuando decidimos compartir la vida, cuando abrimos nuestro corazón de par en par y desnudamos el alma hasta el último rincón, cuando perdemos la vergüenza, cuando los secretos dejan de serlo, al menos merecemos comprensión.

Que se menosprecie, ignore o desconozca firmemente el amor que regalamos a manos llenas, es desconsideración o, en el mejor de los casos, ligereza. Cuando amamos a alguien que además de no correspondernos, desprecia nuestro amor y nos hiere, estamos en el lugar equivocado.

La cosa es clara: si no me siento bien recibido en algún lugar, hago las maletas y me voy. Nadie se quedaría tratando de agradar y disculpándose por no ser como les gustaría a los demás que fuera. No hay vuelta de hoja.

En cualquier relación de pareja que tengas, no te merece quien no te ame, y menos aún, quien te lastime. Y si alguien te hiere reiteradamente sin "mala intención", puede que te merezca pero no te conviene.

No se trata de *mendigar amor* que es lo que se hace muchas veces para ser querido, el ser humano pierde la dignidad y se humilla hasta límites extremos. Si alguien pretende que te tomes un café amargo cuando a ti lo que te gusta es el té con miel, debes de expresar lo que deseas; y si no hay otra cosa, es preferible no tomar nada. Pero no es coherente ceder y tomar el café amargo.

Cuando uno no está en el lugar adecuado, lía sus bártulos y se va. No debemos permitir que nos pierdan el respeto, igual que no se puede obligar a nadie a que nos ame. Por eso, si no se ocupan de hacerte feliz sino todo lo contrario, entonces es el momento de hacer notar tu ausencia, que se note que no estás, que se pregunten ¿dónde está mamá?. Y la mamá está en una charla interesante para ella, dando un paseo por el mar o el monte. O está dándose un baño relajante y con sales.

El desánimo

Esta forma de pensar hace que en nuestra mente se instale la pereza, el pasotismo y digamos "pero si esto es muy difícil", nos demos media vuelta en la cama y sigamos durmiendo. Es la excusa perfecta para no modificar nada y seguir sufriendo. Por eso una de las primeras cosas que hay que cambiar es este hábito, deseando nada más despertarnos, que ese día seamos de utilidad y podamos desarrollar nuestro ideal de servicio a los demás (ser útiles en todo lo que realicemos)

Integrar en nuestra mente el respeto a los demás evitando

hacer daño, recordando alguno de los cuatro pensamientos inconmensurables mientras trabajamos y aplicándolo a todas las personas que están a nuestro alrededor.

Es muy beneficioso una vez al día, dedicar unos minutos a centrar la atención en la respiración para calmar la mente, por la mañana o por la noche. Darte ese espacio de paz y libertad tan necesaria en nuestros tiempos. Leer cada día dos páginas de los diferentes capítulos de un libro que nos inspire, reflexionando o visualizando algún ejemplo de nuestro quehacer diario, aplicando la nueva visión de la realidad a la forma que tenemos de verla, y observando cómo nos sentimos.

Podemos utilizarlo en cualquier problema o situación que tengamos; no sólo aplicando el antídoto sino analizando inteligentemente y con razonamientos válidos cómo ir modificando la forma de ver o diluir el problema.

Por último y fundamental, no hay que tener ninguna expectativa de éxito, porque la felicidad vendrá dependiendo de la práctica diaria. Pensando que, desde este momento, vamos a comenzar un curso (una vida) para titularnos en un master de *felicidad verdadera*. Vamos a ser menos egoístas y más altruistas, sin importar el tiempo. No hay prisa *"todo sucede por alguna razón y todos los resultados los hemos generado nosotros"*. Y, lo más importante, lo vamos a comprobar con el tiempo y es infalible, porque, si plantamos en nuestra mente amor, bondad y sabiduría, recibiremos felicidad.

La felicidad nadie la regala, hemos de poner los medios necesarios y tenemos que adiestrar la mente para mantener la paz en cualquier situación o lugar; de esta manera, la felicidad será nuestro estado natural.

CAPITULO 9

LA PRÁCTICA DE LOS OCHO VERSOS

A continuación recomiendo *la práctica de los ocho versos del adiestramiento mental*, que es muy buena para desarrollar el *buen corazón, el amor inconmensurable*, la *felicidad verdadera* y, por supuesto, una buena autoestima. No importa de qué religión seamos o incluso que seamos ateos, no precisa ni que creamos en ella, solo tenemos que ponerla en práctica con sinceridad y entrega. Si todos los días simplemente se recita, o se analiza día a día el significado de cada frase, la mente se irá trasformando poco a poco. No hay límite de tiempo, ni expectativas, porque cada uno tiene un nivel de destreza para desarrollar las cualidades altruistas. Todo depende de cuánto nos hayamos entrenado en el pasado.

Visualizar que desde el corazón de tu maestro, de Dios, Mahoma, de Buda o del universo se derrama una gran corriente de néctar blanco que entra por la coronilla y llena todo tu cuerpo, trayendo todas las *realizaciones*, en especial las de cada verso.

1. *Consideraré a todos los seres como lo más querido.*
Purifica: El pensamiento egoísta que nos impide considerar a los demás como lo más querido.
Realiza: La compasión sublime que tiene a los demás como lo más querido.

2. *Donde quiera que vaya y en compañia de otros, practicaré considerándome inferior a todos y los tendre como a lo más valioso.*

Purifica: El pensamiento egoísta que nos impide considerar a los demás como lo más querido y supremo.

Realiza: La compasión amorosa que considera a uno mismo como inferior, y a los demás como lo mejor y más querido.

3. *En todas las acciones, vigilaré mi mente, tan pronto surja un pensamiento perturbador lo afrontaré y lo rechazaré inmediatamente, ya que pone en peligro a mi y a los demás.*

Purifica: El pensamiento egoísta que nos impide afrontar y rechazar los pensamientos descontrolados.

Realiza: La compasión suprema y la sabiduría que comprende la vacuidad que acaba con todos los pensamientos descontrolados.

4. *Al encontrar seres perversos, oprimidos por el peso de su falta de bondad y sufrimiento, los consideraré como lo más querido, como si se tratase de un preciado tesoro, ya que son seres muy difíciles de encontrar.*

Purifica: El pensamiento egoísta que impide considerar a los seres dañinos como preciosos y queridos para poder practicar.

Realiza: La compasión suprema que considera a los seres malvados tan queridos como si se tratara de un precioso tesoro. Porque nos ayudan a practicar paciencia, amor y compasión.

5. *Cuando por envidia otros me maltraten con injurias, insultos y demás, practicaré aceptando mi derrota y ofreciendo la victoria a los demás.*

Purifica: El pensamiento egoísta que nos impide aceptar la derrota y ofrecer la victoria a los demás.

Realiza: La compasión suprema que ofrece la victoria a los demás. Libera del sufrimiento.

6. *Cuando alguien a quien he beneficiado y en el que he confiado, me haga un daño terrible, practicaré considerándole como a mi santo maestro.*

Purifica: El pensamiento egoísta que impide ver a los seres dañinos como a tu santo maestro.

Realiza: El conocimiento del ser realizado que va más allá de la paciencia y ve a los seres dañinos como a su maestro.

7. *Ofrezco todo beneficio y felicidad a todos los seres. Practicaré secretamente, tomando todas sus malas acciones y sufrimientos.*

Purifica: El pensamiento egoísta que te impide el intercambiarte por los demás.

Realiza: La compasión suprema que ofrece la felicidad a los demás y asume su sufrimiento. (Secretamente se refiere a no hacerlo publico, ser discreto).

8. *Viendo estas prácticas como vacías de existir por sí mismas, percibiéndolas como ilusiones, practicaré sin aferrarme, para liberar a todos los seres de la esclavitud de la mente descontrolada y perturbadora.*

Purifica: La ignorancia y el pensamiento egoísta que se aferra al yo, e impide ver los fenómenos y todas las enseñanzas como ilusorias.

Realiza: La sabiduría de la concentración que percibe todos los fenómenos como ilusorios y libera de la esclavitud de la mente descontrolada y de la ley de causa y efecto.

Esta práctica realizada por cualquier ser, ya sea creyente o no, con el deseo altruista de beneficiar a todos los seres del universo, es seguro que será de beneficio para nuestra paz mental y causa de felicidad en el futuro. Con tiempo seremos menos egoístas y más generosos.

La aplicación en la vida diaria

La apatía se convierte en el silencioso asesino de la felicidad humana, nos impide el éxito incluso antes de iniciarlo.
7° Dalai Lama, Joyas de sabiduría.

Llevo bastante tiempo nadando contra la opinión general, creyendo firmemente que todo lo que he hablado en este libro tiene su sentido y se puede aplicar en el día a día; que nuestra mente no está separada de nosotros y que podemos transformarla en cualquier experiencia o avatar que tengamos en la vida. No importa la actividad que realicemos, no sirven las excusas del "yo" acomodado que quiere seguir sometiéndonos y controlandonos, dejando que nos domine.

Hoy estas eligiendo tu futuro ¿qué eliges?

Para demostrar esto permitidme que me apoye en la física cuántica utilizando *"El experimento de la doble ranura"*, para mostrar que es un hecho comprobado científicamente.

Este experimento consiste en ver el comportamiento de los electrones (partículas de materia) atravesando dos ranuras y proyectándoles sobre una pantalla. Lo que sucede es que se produce un patrón de interferencias con muchas franjas. Cuando pusieron un observador para ver por cual de las dos ranuras pasaban entonces los electrones, vieron que se comportaban de otra forma, pasando solo por una de las ranuras, y solo proyectaban sobre la pantalla dos franjas. Su comportamiento fue distinto, en una prueba se comportaban como ondas y en otra como materia, como si fueran conscientes de que las estaban observando.

Esto hizo pensar a muchos físicos que el observador influye en la realidad que le rodea. Y yo me atrevo a pensar que nosotros somos quienes decidimos nuestro futuro; cada decisión conlleva unas experiencias, incluso el no decidir es una decisión.

Observemos ahora nuestras decisiones en la vida: unas nos han proporcionado felicidad y otras sufrimiento. Incluso con algunas sabíamos que íbamos a sufrir y a pesar de intuirlo las hemos tomado.

Y la pregunta es ¿Qué deseamos? ser felices, o infelices. De nosotros depende, porque lo que es cierto es que ni Dios, ni Buda, ni Mahoma desean que nadie sea infeliz, ni nos castigan y mucho menos desean que suframos. Somos nosotros quienes decidimos, junto con las circunstancias coemergentes, como sería por ejemplo, comprar un decimo de lotería, que es la causa imprescindible para que pueda tocar. Continuamente experimentamos nuestras decisiones sin ninguna escapatoria, para bien o para mal, las gozamos o las sufrimos. Cometemos tantos errores porque seguimos los dictados de nuestro Ego, y por ignorancia. Pero ahora ya lo conocemos y nosotros vamos a decidir cuál es nuestro futuro. Todo es posible, no lo dudéis: Un ejemplo:

En la guerra de Beirut había un hospital en medio de los dos bandos que se tiroteaban mutuamente, haciendo imposible el desalojo de los pacientes. Después de meses sin haber una posibilidad de tregua, un día se presentó la Madre Teresa de Calcuta en la ciudad y preguntó a los responsables de Cruz Roja o de la OTAN. ¿Cuántas ambulancias se necesitan para sacar a los pacientes? y le dieron un número 200 o 500, las que fueran. Tenedlas preparadas para mañana. Pero si no hay una tregua, no es posible. Disponedlas para mañana. Al día siguiente hubo el primer cese el fuego de unas horas y pudieron evacuar a todos los pacientes. Lo verdaderamente difícil es tener la "energía" y la "fuerza" para poder realizarlo. Ella tenía la fuerza, la confianza y la energía que cambiaron las circunstancias coemergentes.

Deseo expresar que, como no soy ningún maestro experimentado, ni con realizaciones, recomiendo que, si después de leer el libro tenéis necesidad de que alguien aclare dudas y os guíe, hagáis como hice yo después de traducir el libro "La alquimia del sufrimiento": buscar un maestro plenamente cualificado.

A la hora de elegir un maestro hay que tener en cuenta:

Que venga de un linaje ininterrumpido, es decir que las enseñanzas se hayan trasmitido de maestro a discípulo ininterrumpidamente y se haya comprobado la eficacia de dichas enseñanzas a lo largo de los siglos.

Que muestre compasión

Que muestre sus cualidades discretamente, con humildad.

Evita los maestros que alardeen de sus logros.

Si existe algún error en este libro es únicamente responsabilidad mía, porque las enseñanzas, como se ha comprobado por millones de personas en el mundo, funcionan si se ponen en práctica.

Pido disculpas por cualquier error que exista en él.

El poema que sigue lo compuse en Pomaia, Italia para mi primer maestro, en agradecimiento a su entrega por los demás. Si ahora he tenido la confianza suficiente en desarrollar este libro es gracias a sus enseñanzas y a tenerle presente cada día en mi corazón.

VENERABLE LAMA ZOPA RIMPOCHE

¡Oh! cometa viajero de infinitos universos
Tu estela va liberando a los seres del sufrimiento
tus palabras atraviesan nuestras mentes
como *purba la mantequilla.
Luz en la oscuridad,
regocijo de esfuerzo entusiástico,
cómo nos haces sentir el sufrimiento
en nuestra cuerpo acomodado.
Reconociendo así el desconsuelo
florece en nuestros corazones la renuncia.
Antes rehuía tu mirada
ahora me inspira cada día
Hoy me has dado un tesoro
sintiendo un continuo gozo
que perdurará en mi corazón
Dedico la energía de mi vida
para que expandas tu amor
y realización de tus proyectos.
Bendice a tu discípulo
para realizar lo que más deseas,
el beneficio de los demás.
Con estas palabras vacías
ahora deseo yo ser el cometa
de este espejismo de vida
en la que coemerge mi existencia.

Juan Rollán (Sep-2004 Pomaia-Italia)

* Cuchillo curvo, simboliza la sabiduría que corta la ignorancia.

No os rindáis nunca no importa lo que os
suceda, no claudiquéis jamás y desarrollad el
buen corazón. En nuestro país se invierte
demasiada energía en desarrollar
el cerebro en vez del corazón.
Tenemos que ser compasivos con todos,
no sólo con los amigos.
Trabajad para que impere la paz
en vuestro corazón y en el mundo.
Repito: no os rindáis nunca; no importa lo que
suceda a vuestro alrededor. No claudiquéis jamás.

SS D. Lama

BIBLIOGRAFIA

L`alchimie de la soufrance (Djamgoeun Kontrul). Editions Yiga Tcheu.12ª edición, Cahteau de Plaige 71320 Toulon Sur Arroux. Traduccción del tibetano por Ken Mc Leod.

Transformar problemas en felicidad. Lama Zopa Rimpoche. Wisdom Publications 1993 y Ediciones Dharma. 1994 y febrero 2000.

Lam Rim Chen Mo volúmenes I, II y III . Lama Tsongkapa. Ed. Dharma. Traducido por Xavi Alongina.

La Liberación en la Palma de tu mano. Kyabye Pabongka Rimpoche. Ed. Dharma. 2008.

El Libro Tibetano de la vida y de la muerte de Sogyal Rimpoche

Ego, apego y liberación. Lama Yeshe. Ediciones Dharma

Secretos de la meditación China. Charles Luk. Ed. Bruguera S.A.

Enseñanzas sobre la Mente Única del maestro zen Huang-po. Miraguano Ediciones.

Joyas de Sabiduría del Tibet. El 7° Dalai Lama. Recopilación de Glenn. H. Mullin. Ed. Daharma.

Meditación. Sogyal Rimpoche. Traducción de Ángela Pérez. Editor José J. De Olaneta.

La Realidad Humana. Lama Thuten Yeshe. Ediciones Dharma 1995. Traducción del ingles Montse Castellá

El Gran Yogui Milarepa del Tibet. Evanz Wentz. Ed. Kier, S.A. Buenos Aires.

Cantos de Milarepa. Ed. Yug, S.A. 1986. Mexico D.F. traducción Olga kochen.

Se tu propio terapeuta. L. Thubten Yeshe. Recopiladas por Nicholas Ribush. Ed. Dharma.

El Arte de la Felicidad. Dalai Lama. Recopiladas por Howard C. Cutler, M.D. Ed. en España por Grijalbo 1999.

Virtud y Realidad. L. Zopa Rimpoche. Ed. Dharma. 1999 *Sabiduría Trascendental.* 14° Dalai Lama. Traducido al español - Mercedes Pérez Albert. Ed. Dharma.

Instrucciones de Atisha y los Gueshes Kadampas. Tibet año 1000. Gueshe Lobsang Tsultrim. Traduc del tibetano por Encarna Lopez- Pastor. Recopilación Ramón Martí Comes. Ed. Dharma 2001.

Siendo nadie yendo a ninguna parte. Ayya khema. Ed. Indigo 2009

El monje y el filósofo. Matthieu Ricard. Ed. Urano 1998

En defensa de la Felicidad. Matthieu Ricard. Ed. Urano 2005

La Guirnalda Preciosa y el Cantico de las cuatro reflexiones. Nagaryuna y el septimo D. Lama. Trad al ingles por Jefrey

Hopkins, Lati Rimpoche y colaboración de Anne Klein. Ed. Diana. Mexico.

El Sutra del Diamante. Samuel Wolpin. Ed. Hastinapura, mayo 1985.

El Yoga de los sueños. Namkhai Norbu Rimpoché. Editado por Michael Katz taducción del ingles Xavi Alongina. Ed. Dharma. 1997

Las Cuatro Nobles Verdades. Ghueshe Tashi Tsering. Ed. Amara 2013

Los siete puntos de la Práctica Mental. Tai Situ Rimpoché 1994. Ed. Obelisco.

El infinito en la palma de la mano. Mattieu Ricard y Trinh Xuan Thuan. Ed. Urano.

¿Quién manda en tu vida?. Miriam Subirana y Ramón Ribalta. Ed. RBA, Libros, S.A. Abril 2003.

Aprendiendo de los Lamas. Kathleen McDonald. Ed. Dharma 1987

La alegría de vivir. Yongey Minguyur Rimpoche con Eric Swanson. Traducción Roger Espel Llima. Ed. Rigden Institut Gestalt Verdi,92. Barcelona 08012. Mayo 2010.

La dicha de la Sabiduría. Yongey Minguyur Rimpoche Eric Swanson. Traducción Escarlata Guillén Pont. Ed. Rigden Institut Gestalt Verdi,92. Barcelona 08012 Mayo 2010.

Camino viejo nubes blancas. Thich Nhat Hanh. Ed. Dharma 2007. Traducción de Mercedes Pérez Albert.

Enseñanzas sobre el amor. Thich Nhat Hanh. Ed. Oniro, S.A. 1998

Cielo Despejado. El 3° Jamgon Kongtrul. Traducción de Jon Ander Orue y Antonio Herrero. Ed. Imagina 1989.

Las Palabras de mi Maestro Perfecto. Ed. Padmakara. Patrul Rimpoche

Preparados, listos… 16 actitudes para ser feliz (educación en valores). Asociación Educación Universal y The Foundation for Developing Compasion and Wisdom. Ediciones Dharma.

Despertando Conocimiento Fortaleza y Compasión un ejemplo del currículo de Educación Esencial. Since 1989, Pam Cayton and staff Creating Compassionate Cultures Tara Redwood School, California

Emociones destructivas. Daniel Goleman. Ed. Kairos. Traducción David González Raga y Thubten Jinpa

El punto ciego. Daniel Goleman. Ed. Plaza y Janes 2ª ed. 1997

Cerebro y mindfulness. Daniel J. Siegel. Ed. Paidos. Sept. 2010 *Encuentros con la Sombra*. Connie Zweig y Jeremiah Abrams. Ed. Kairós. 08029 Barcelona.

Contra el Yo. Mark Epstein. Traducido del ingles por Fernando Mora David González Raga. Ed. Kairós Enero 2000.

Tratado de Sanación en el Arte del Soplo. J. L. Padilla Corral. Ed. Escuela Neijing. Pozo Amargo 16708. Cuenca. Marzo 1999.

Líng Shú. Canon de la Medicina Interna del Emperador Amarillo. Julio García. J.G. Ediciones 2002.

Tao Te King. Enseñanzas de Lao Tse. Versión inglesa de Richard Wilhelm. Edicomunicación, S.A. 1988.

Manual de auto curación con Paida y La Jin. De Xiao Hong Chi. Ed. Salória, SL. Marzo 2012.